税法勉強術

木山泰嗣 著

一般財団法人 大蔵財務協会

まえがき

本書は、エッセイです。

タイトルをみると、「税法」と「勉強術」によって構成されています。「そうか。税法を勉強するための方法をまとめた本なのか」と思われたかもしれません。

本書にいう「勉強」は、「試験の勉強」を中心に置いています。ただ、税法は仕事に直結するため、資格を取ったあとの実務家としての「勉強」にもつながるように展開します。

わたしは、約12年にわたり、弁護士として税務訴訟の納税者側の代理人となる訴訟活動を行ってきました。その後に大学教員に転身したのですが、２０２５年４月で10年になります。

いまは、税法研究と法学教育に専念しています。

ここまで読んで、デジャブ感におそわれた方がいましたら、とても素敵な読者だと思います。「?-?-?　何言っているのか、さっぱりわからないぞ」と思われた方もいると思います。

とてもしつこいくらいに、ここまでの導入部分は、このシリーズのまえがきの恒例の書き方なんです（初めての読者の方、はじめまして!!）。


いきなり宣伝ぽくなりますが（宣伝です！）、本書を読まれて、面白い本だと思っていただけたら、ぜひ、過去の「税法エッセイシリーズ」も、さかのぼってお読みいただければ嬉しく思います。

さて、「なんと、シリーズものだったのか！」と思われた方も、ご安心ください。ちびまる子ちゃんが、どの回から読んでも（あるいは、観ても）理解できるように、税法シリーズも、どこから読んでも大丈夫です（そもそも、まる子ちゃんも、花輪クンも、野口さんも、永沢君もでてきませんが）。


さて、「税法勉強術」ですが、なぜ、税法と勉強術を組み合わせたのか？

その理由は、シリーズの前作が「税法独学術」だったからなんです。

わたしは、弁護士として「税務訴訟」にたずさわるなかで、必要に迫られて、未知だった「税法」を「独学」で学んできました。それがいまは、「税法」の教授職をしているのですから、不思議議です。

前作では、税理士や弁護士などの「税法」にたずさわる実務家になったあとに重要と考える「独学の道」を熱く、そしてかなり「独自の視点」で語りました（読んでなくても、本書は読めますので大丈夫です）。

でも、考えてみたら、そのまえに税理士試験や司法試験などの国家試験や公務員試験に挑戦するプロセスがありました。それで試験の勉強を取り上げようと考えたのが本書です。

わたしの「試験の勉強」は、順風満帆ではなく、挫折の連続。いばらの道を歩んできました。その過程で体験したさまざまな「失敗談」を、落単（大学の単位を落とすこと）や失恋や病気も含めて赤裸々に公開していきます。

これから実務家を目指す若い方が「試験の勉強」で経験するであろう「苦労」を乗り越えるための「方法論」を、いま明確に示した方がよいと、身近な経験から考えたからです。

エッセイである本書では、こうした体験をさまざま書いていきますが、「税法勉強術」の要諦は、わたし個人の体験談のみにあるものではありません。

「大学受験の浪人」→「法学部」→「司法試験」→「司法修習」→「弁護士」→「学者」という、いまに至る「勉強の道」で体験してきた30年以上の経験を踏まえ、

何が、「税法」の「勉強」に求められるのか?

を明らかにしていくのが、本書です。

エッセイのかたちをとっているため、全体が「勉強術」としての体系を成しているわけではありませんが、重要と考える点は、できる限り言葉を選びながら、丁寧に説明しました。特に試験勉強のある人に役立つと思います。

個人の体験をふんだんに示す本書は、かなり独自色の強い内容になっていると思われるかもしれませんが、「勉強法」は普遍性のあるものになっているはずです。自分が「合格」したあとも、20年以上にわたって、ロースクールや大学や大学院での教員経験を通じ、指導する側で学生をみてきた経験も加味しているからです。

試験や受験などとっくに卒業している、という熱心なこのシリーズの愛読者の方に

もご満足いただけるよう、現在の日本を取り巻く状況から、実務家が学んでいくべきことについても広く「勉強」に含めていきますので、ご安心ください。そして、若い方で「試験勉強」に苦労しているスタッフや、苦労させたくない可愛い子がいたら、本書を教えてあげてください。

本書は「勉強」に焦点をあてたエッセイで、『税法読書術』のようなカフェの日常や（スタバが大好きですが、いまはソイラテではなくドリップコーヒーを飲んでいます）、『税法思考術』のような判例分析の視点はなく（判例研究も、税法論文もその後もたくさん書いています）、また『税法文章術』のような「論文の書き方」のノウハウ（教え子院生の修論から租税資料館賞の受賞者が12名出ました）、でもありません。シリーズに通底する日常の読書（ドーナッツと同じくらい読書が好きです）は、本書がなかなか両立しにくい「試験の勉強」を対象にしたので、登場少なめですが、お楽しみください。

本書でも、シリーズのコンセプトである、リーダビリティや、文章のリズムに工夫をすることを心掛けました。「勉強する視点」を、エッセイでも明確に示したかったからです。

「103万円の壁」が連日報道されるなかで本書を執筆したのですが、税制が国民的関心を呼ぶ時代になりました。本書ではこのあたりについても言及します。すでに税法を仕事にしている方でも、資格試験の勉強中の方でも、そうでない方でも、必ず何かの学びが得られる1冊になるのではないかと思います。

弁護士、税理士、公認会計士、国税職員、地方公務員などを目指す方に読んでいただければ、「正しい勉強法」がみえ、それが「希望の光」になるかもしれません。

対象が勉強なので、ストイックに感じる場面もあるかもしれません。わたしの挫折経験も過酷に映るかもしれませんが、本書はあくまでエッセイです。

水でもお茶でも、コーヒーでも、ビールでも、日本酒でも、カクテルでも抹茶ラテでも飲みながら、あるいは、パンでも、パスタでも、カヌレでも、スナック菓子でも食べながら、自由気ままに楽しんでいただければ、それだけで嬉しいです。

木《き》山《やま》泰《ひろ》嗣《つぐ》

○目次○

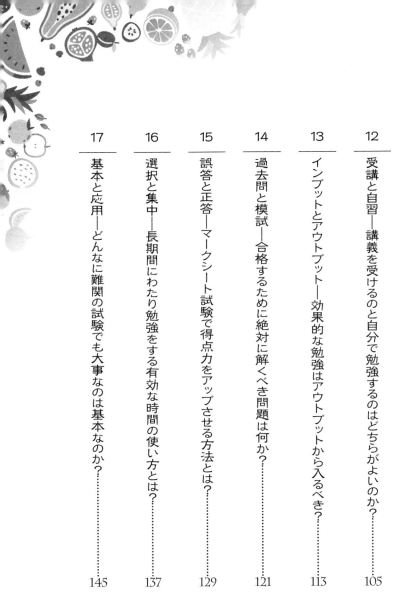

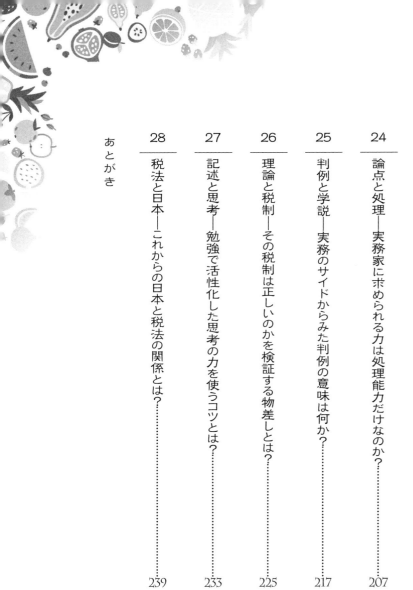

人との接触が不正解とされる時代が定着するかと思いきや、時代は大きく転換した。満員のスタンドからの大声援。野球やサッカーなどのスポーツに国民が熱狂する時代が戻ってきた。非民主国は領土拡大を狙い覇権を得ようと意欲的のようだ。民主国家の選挙にも、あたらしい傾向が示され始めている。団塊ジュニア世代の子が大学受験に挑み始めた令和時代。受験が再び過熱化することはあるのだろうか？

1

合格と不合格

——合格にも不合格にも必ず原因がある？

ある外国人の中年医師は、若いころに合格したはずの国家試験を再度受ける夢を、いまでもみる。そういうエピソードを、何かの本で読んだ。

自分と同じような人がいたことに共感した。

弁護士になったあとも、司法試験を受ける夢をみてきたからだ。

夢のなかではたいてい、現実（いま）と当時（過去）が混乱している。

いきなり受験会場の教室の席につくと、「全然、勉強してないんだけど」とか、「あれ、昨日は法廷に行ったはずだったのに」とか、「弁護士になったのに、制度が変わって、新司法試験を受けなきゃいけないなんて、理不尽だ」とか、「受かったはずの試験に、じつは受かっていなかったなんて……」とか、そんな疑問を夢のなかでぶつけている。

目が覚めると、「ああ、よかった」と安堵する。そんな夢だ。

きっと司法試験の受験をしていた4年間（3回不合格になったので、4回受けた）の毎日にあった緊張感が、ずっと潜在意識に残っていたのだろう。

いまは40％以上の合格率があり、1回目で合格する人が圧倒的に多いのが司法試験だから、こんな苦労をする人は絶滅したと思う。

それでも司法試験は、いまでも内容的には難関試験だ。よい結果を得られず、2回目以降の受験になる人もいるから、共感する人もいるかもしれない。

　このエピソードには、「数々の合格と不合格」がつまっている。

　司法試験は、わたしが受けた旧試験（1998年—2001年）では、3個の試験に分かれていた。なので、4年分の受験には、

①　1年目（択一試験不合格）
②　2年目（択一試験合格、論文試験不合格）
③　3年目（択一試験合格、論文試験不合格）
④　4年目（択一試験合格、論文試験合格、口述試験合格）

という内容と結果、つまり「数々の合格と不合格」が含まれている。

　1度受かったことのある試験を何度も受ける体験なんて、普通はないだろう。

税理士試験では科目合格が認められている。同時に5科目受かる必要がそもそもない。

まずは簿記論と財務諸表論の会計科目から順番にというように、受験生はその年に受験する科目を自分で選んで受けることができる。というのだから、他の資格試験の受験生の目には、何ともうらやましい制度に映るだろう。


重めの経験になった「不合格」と「合格」も、わたしにとっては、その後の仕事の出発点となる「国家資格を取得するプロセス」に過ぎなかった。

だからいまとなっては、「合格」した試験という位置づけでしかない。

しかし、その過程の「不合格」の連続は心の傷となり、弁護士になっても10年くらいは、それを思い出していた。ドラマや映画で司法試験に苦労しているシーンなどをみて、心がはりさけそうになり涙が止まらなくなったことが、何度もあった。


「価値ある合格」を得るプロセスにあらわれた「痛い不合格」だった。一方で、大学2年生のときに1度だけ受けた、行政書士試験の不合格もある。

大学3年生のときに合格した英検準1級は、当時つきあっていた帰国子女の大学の同級生から、英語で会話してもらうことを対策の軸にした。大した勉強をすることもなく簡単に受かったので、価値も苦労も感じていない。

大学1年生のときに合格した漢字検定2級は、1か月ほど過去問を勉強した成果が得られた手応えの記憶だ。同じ日の午後に受験して不合格になった漢字検定1級では、およそ普通の日本人には無理だろうというレベルの問題を解いた。こちらは高齢者の多い受験会場に、場違いを感じた。その後は、1度も受けていない。

興味や価値を本人が見出さない「合格」と「不合格」は、等価なのかもしれない。

というくらいに、その主観的な意義の薄い合否が、誰にもあるのではないか。

いまでは身分証明書としてしか使っていない（25年近くペーパードライバーだ）運転免許証だが、じつは自動車教習所の卒業検定で不合格になった。

前日に東京で一人暮らしをしている練馬区にある大学の友達の家に泊まり、酒を飲んで騒いでいた。お酒が飲めないのに、当時は付き合いで無理をしていた。大した量も飲めないので、翌日にお酒が残っていたという話では全然ない。寝不足のまま、翌日の朝に横浜に戻り、足を運んだ自動車教習所だった。

３名の卒検受験者が順番に乗り継ぐ運転の道は、横浜駅の近くを通ってみなとみらいに向かった。普段の教習所の運転では行ったことのなかったルートだった。未開発の場所もまだ残っていた海の近くの埋立地を運転しながら、「コンテナ貨物みたいのが多いなあ」と思っていたら、教官からブレーキで止められた。

えっ。どうしたの？

と思った瞬間、「はい、不合格」と告げられた。

「もう、いい。後ろに座って」と言われ、何か起きたのかと思ったら「みてみなさい。ここは立ち入り禁止だ」と教わった。

そのあとの車内は、気まずい空気が流れたのを覚えている。何度か追加教習みたいなものを受けさせられ、再度の卒業検定で合格したわけだが、じつはこの運転免許の不合格の夢も、たまにみる。

ペーパードライバーになったわたしには、この「合格」によって取得した運転免許だが、身分証明書の価値しかない。意義ある合格ですらないのに、このときの嫌な思い出は、それから30年たっても忘れられないのだ。

教訓としては、卒業検定なのに全然やる気がなく、前日の過ごし方が間違っていたということだろう。しかし、もし睡眠不足でなく、前日、教習所に近い横浜の自宅で早めに寝て十分に睡眠をとったとして、初めて運転した場所で立ち入り禁止区域に入らずに済んだのか？　そう考えると、結論は同じだったようにも思える。

もし、そのような記憶として刻まれていたら、このエピソードの意味は、全然違うものになっていたかもしれない。

この場合、前日の飲み会と泊まりが原因ではなく、立ち入り禁止区域への突入という、突然やってきた「不運な不合格」という解釈になっていたかもしれない。

そう考えると、よい教訓を得たようにも思う。試験の前日に、友達の家に泊まっている場合ではなかったのだ。が、運転免許の取得は、高いハードルではない。「普通にやれば受かる」という、多くの人と同じ感覚でしかなかった。だから、それだけのようにも感じる。

さて、「合格」と「不合格」には、どんな違いがあるのだろう?

弁護士を目指している受験生が、今年の司法試験に不合格になった。あるいは、税理士試験を受けて、法人税に3年連続で不合格になった。

行きたいと思っていたロースクールに不合格になった。すべり止めのつもりだったロースクールも、さらにはその未修者コースも不合格になった。

大学院進学を決めていたのに、いきなり合格率が大幅に下がった税理士試験で、簿記論、財務諸表論で不合格になってしまった(1発合格を狙っていたのに……)。

もし、あなたが、こういう経験をしたのであれば、いまこの文章を読んでいるだけでも、「不合格」という言葉には、異様な重みを感じるかもしれない。

逆に、「合格」という、果たされなかった目標に、強い輝きを感じるかもしれない。

同じ試験に「合格」した人が近くにいれば、その人と会話をしたくないと思うかもしれないし、同じ空気を吸いたくないとすら思うかもしれない。

その人が、近くで「ああ、あの試験。余裕だったよ」などと言おうものなら、「あんなやつ、一生友達にはなれない」と、恨みたくなるかもしれない。

「不合格」は自己責任であり、その人の「合格」は、その人が採用した「正しい勉強法」に基づく努力の結果に過ぎないのに。

これが、夢に破れ、目標を達成できなかった「不合格」者にあらわれる、独特な感情だろう。

このような「不合格」をはじめて経験したのは、高校3年生のときだった。受験した3つの大学すべてに「不合格」になった。その後、司法試験でも「不合格」を、何度も味わうことになった。

① 98年　司法試験　絶対合格
② 99年　司法試験　絶対合格
③ 00年　司法試験　絶対合格
④ 01年　司法試験　絶対合格

1996年（大学3年生）の4月に司法試験の勉強を始めたときに、自分の部屋の机のまえの壁に貼りつけた紙に、書いた言葉。それが、①だ。だが、これは大学を卒業して最初に受けた択一試験の不合格で、破り捨てることになる。

そして、以後、毎年これを書き換えた。

③くらいになると、その紙に書いた言葉自体をもはや信用できなくなってきた。④のときは、みるだけで涙があふれそうになった。

夜寝るまえに、「98年不合格、99年不合格、00年不合格、……そうか、ということは、01年も不合格か。というより、このさきもずっとかもしれない。02年不合格、03年不合格、04年不合格、05年不合格、06年不合格、07年不合格、08年不合格……」と、20年くらい不合格になる自分を想像した。

こうして絶望を感じながら、眠りについた夜が普通にあった。

もし、あなたがいま、何かの「不合格」を経験して、それを挫折と感じているなら、その試験の「合格」に、大きな価値を見出していることになる。

運転免許や、わたしの受けた漢字検定1級や行政書士試験とは違って、わたしが繰り返した司法試験の「不合格」と、きっと意味が似ている。

そのような「不合格」も、次の受験で「合格」に変えることができる。

しかし、失敗の原因と向き合うことなく、もう1度受ければ受かるだろうと、次は勉強すれば受かるだろうなどと、適当にあしらえば、もう1度「不合格」が来る可能性もある。

それだけ価値ある「合格」という目標を達成できなかった。ということは、勉強しなかったからではなく、「勉強の方法」を間違えていた可能性も高いからだ。

もちろん、勉強の量も不足していたかもしれない。

でも「勉強の方法」を間違えていた場合、量をこなすだけでは埋められない、ギャップが残るだろう。

このような想像ができれば、最初から「不合格」を回避することすら、できるようになる。まずは「合格」するための「方法」を、先回りして研究すればよいからだ。
そう、「合格」とは、「正しい勉強法」に基づいて、重ねた「必要な勉強量」の結果なのだ。

合格　＝　正しい勉強法　＋　必要な勉強量

逆に「不合格」には、さまざまな種類がある。

×　不合格　＝　間違った勉強法　＋　足りない勉強量
×　不合格　＝　間違った勉強法　＋　必要な勉強量
×　不合格　＝　正しい勉強法　＋　足りない勉強量

傍線のどれが原因だったのか？
不合格をした場合には、この分析が、まずは必要になる。

2

歓喜と絶望

――試験に合格した人が必ず歓喜するとは限らない？

税理士試験の合格発表は、11月下旬に郵送で行われると学生から聞いた。学生同士の会話のなかで「送られてくる郵便物の厚さで合否がわかる」という、うわさも聞いたことがある。真偽は不明だ。わたし自身が税理士試験を受けたことがなく、その合格も不合格も経験したことがないからだ。

大学（法学部）の「税法A」という授業には、300名程度の受講生がいる。税理士志望という学生から、「簿記論と財務諸表論のあとは、所得税法と法人税法のどちらを受けた方がよいですか？」という質問を受けた。それは税理士試験に合格した人に聞いた方がよいだろう。

受験シーズンになると、特に大学（なかでも東大）入試の合格発表が多いだろうか、合格者が大学で胴上げされていたり、涙を流して喜んでいたりするシーンが、ニュースで報道される。いまはわからないが、少なくとも昔はよくあった。

このように合格に「歓喜」する受験生がいる一方で、不合格に「絶望」する受験生もいるはずだが、「絶望」している人が報道されることはない。

大きな喜びを得た人がクローズアップされ、そこに光はあたる。その影として横たわる不合格者の「絶望」は、リベンジして合格を得たようなケースでない限り、光があたる機会はない。

「第1志望ではなかったんです」という大学生が、勤務先の大学に毎年みられるが、その人たちもこの大学には合格している。果たして、彼ら彼女らは、そのとき「合格」に「歓喜」したのだろうかと考えると、そうではないように想像される。

合格には「歓喜」のイメージがある。ニュースの報道の絵がそれだ。しかし現実には、さまざまな入試や資格試験の合格には、それほど嬉しくない合格もあるはずだし、安堵する程度の合格も多いように思われる。

「歓喜」するくらいの合格となれば、そもそも「まさか受かるとは思っていなかった高嶺の花の志望校」のようにもみえる。普通は受けられる学校に限りはあるから、高嶺の花といっても、チャレンジしている時点で合格する可能性があったはずだ。

本当にまぐれで受かってしまったようなケースでない限り（そのような例は受験で

は現実にはほとんどないと思われる）、受験するまでに行った猛勉強などの手ごたえが、発表まえには本人にあったのではないかと想像される。

2％しか合格できなかった旧司法試験にわたしが最終合格を果たしたのは、2001年の秋だった。


大学卒業後、無職になって4回目の受験をした。それまでに繰り返された「絶望」の不合格の先にようやくつかんだ「合格」だったが、「歓喜」をした記憶がない。

合格発表当日の記憶は、鮮明に残っている。横浜駅近くの最寄り駅のホームで東横線を待っているときに、線路からアオスジアゲハが飛んできた。珍しいきれいな蝶々を小学生ぶりくらいでみた。

そのアオスジアゲハが、ホームの線路寄りのところに立って東横線が来るのを待っていた27歳のわたしのところに飛んできた。

その瞬間に、わたしは「合格した」と思った。

みるからに「幸運」を告げるかのような綺麗な青色をしていた蝶が、まっすぐにわたしのもとにやってきたからだ。

合格した。そう直観した。やっと報われたと思った。

そのあと霞ヶ関の掲示板前に張り出された合格発表をみるために列に並び待っているときには、もうアオスジアゲハのことは忘れてしまい、「これでまた落ちていたらどうしよう……」と思った。

その瞬間、「そんなことはないぞ」という別の声が聞こえてきた。

この1年で、1番勉強したのは自分じゃないか。

1番勉強した人が、落ちるはずがない。

そのような言葉が浮かんだあと、すぐに順番が来て掲示板を確認すると、自分の受験番号の数字が確かにそこに記載されていた。

PHSで家に電話をして、親に「合格したよ」と告げたが、涙が流れてきたということはなかったし、大喜びして「やったー！」と叫んだということもなかった。

5年半に及ぶ受験勉強に心底疲れていたし、受験勉強中に患ったぜんそくが悪化していたため、じつはそこまで歩くのにも息が切れていた。

なので、こう思った。


合格したのに、病気になったと思われるのは嫌だな。

早くぜんそくを治さないとな。

司法修習生は、こんな体調のままでやっていけるのだろうか……。

かなり忙しいと聞く弁護士の仕事を、26歳でぜんそくにかかった自分が、やり遂げられるのだろうか？


やっと手に入れた合格だったが、合格するとすぐに不安が襲ってきた。これが、わたしが司法試験の「合格」を得た瞬間の感情だった。

そのようなことは誰にも言えなかったし、言ってはいけないと思っていた。この告白は、この本が初めてになる。

50歳になったいま、振り返れば健康に仕事をすることができてきた。もう時効だと思えるようになったから、いま告白した。

翌年4月から3か月間通った埼玉県和光市の司法研修所だが、近くにある寮でわたしにあてられた部屋は、1階の玄関に1番近いところにあった。

合格後の面接で、「ぜんそくの発作がでることがあって、トイレにかけこむことがあるのが心配です」と告げていた。おそらくいつでも救急車がかけつけられるよう、玄関に一番近い部屋をあてがってくれたのだろう。

実際、司法修習中にも発作が起きることがよくあった。休憩時間に人知れずトイレの個室に入り、吸入スプレーをした。知られたくなかったので、クラスの人には誰にもそのことを話さなかった。

司法研修所の恒例行事に、クラス対抗のソフトボール大会があった。わたしのクラスは優勝した。他のクラスから申し込みがあり、何度か練習試合などもした。チームの投手をするために、在宅起案日という実質休日のような日の朝に、横浜市の病院に行って点滴を打った。それから、和光市の寮に戻ったことがあった。点滴をしてでも、研修所のグラウンドでのソフトボールの試合に参加したのだ。

それは意地だった。「司法試験に合格したのに、病気になった」ということを、人に知られたくなかったから、それが発覚するような行動を極力回避した。

もちろん、家族はみんな知っていて、どうやったら治るか心配してくれていた。さまざまな治療法などを紹介してくれたが、受験時代に深い傷を負って患った病気は、簡単には治らなかった。

司法修習中に、さらに病状が悪化したため、あたらしい呼吸器の専門医がいる病院に行ったとき、若めの優しそうな女医さんから「重症なので入院した方がよいです」と告げられた。「修習があるので、入院はできません」と答えた。薬だけもらって帰宅したが、何度か通院していくうちに、だんだんよくなってきた。

このとき、専門医の力を知った。司法浪人時代に通っていた耳鼻科も内科も、全然適切な治療をしてくれていなかったからだ。

こうして、治らないと思っていたぜんそくは、司法修習中に少しずつ改善していった。そして、弁護士になるころには、すっかり治った。

この女医さんに当時言われたことで、忘れられない言葉がある。それは、「来年の10月から法律事務所に勤務します。弁護士は夜中まで働くようなのですが、こんな重症のぜんそくがあるわたしでも大丈夫ですか?」とたずねた、司法修習生だったわたしの質問に対する即答だった。

「大丈夫ですよ。夜中の2時でも3時でも働けるようになります。適切な治療をすれば、普通の生活ができるようになりますよ」

そのときは、半信半疑だった。「そんな無理はしない方がよいです。自分の体と相談しながら、夜遅くまで働くなんてやめなさい」と、注意されるだろうと思っていたから、意外だった。

その後のわたしのそれなりの活躍は、ご存じの方も多いと思う。

実際には、わたしの弁護士としてのスタートは、このように「絶望」的な不合格の連続の末にようやく手にした、「歓喜」できない合格から始まった。

考えてもみれば資格試験の合格は、その資格を使って仕事をする前提条件を取得したことしか意味しない。小学校でも中学校でも高校でも大学でも、そして大学院でも、入試での合格は、その学校に入学するための前提条件をクリアしたに過ぎない。

そのあとに何をするかの方が大事だ。そのあとに何をするかでしか、その「合格」の意味も、本当はわからない。

こう考えると、「合格＝歓喜」「不合格＝絶望」という図式は、「受験」というフィルターのなかでしか起きないことがわかる。

もし、あなたが何かの試験の合格や不合格にこだわりがあるなら、そのこだわりは捨ててしまった方が賢明だろう。

合格も不合格も、受験の結果に過ぎない。今日という1日は、その結果にかかわらず、別のことをしなければ始まらないのだから。

3

強制力と自己実現
——合格するための勉強に必要な考え方の基本は何か？

目標を達成するために、必要なことは何か？

計画を立て、実践する。

合格に向けた勉強方法の基本は、これに尽きるだろう。
しかし、学校に入学するための受験でも、資格を取得するための受験でも、試験の日までに「空いている時間」が、それなりの長期間にわたることが多い。

この「空いている時間」を、どのように分割していくかも、次に重要になる。

1日にその人が使える勉強時間には、限りがあるからだ。
寝る時間を削る方法もあるが、試験まで1年も2年もあるような計画を立てる場合、その間の毎日の睡眠を数時間削り続けるのは、現実的に無理がある。
また、人により、必要な睡眠時間も異なる。
特に試験勉強に時間を費やすのは若い人が多いと思うが、年を重ねた人に比べると、相対的に寝る時間を多く要する傾向があると思う。実際わたしも、そうだった。

明確な記憶がある40代以降（現在50歳）のわたしの就寝時間は、ほぼ毎日午前3時過ぎで安定している。若いころに比べると、平均睡眠時間は少ないが、7時間も寝れば十分である。日によって4、5時間しか寝れなかったという日が週に数回あっても、特に体調などに影響も起きない。

大学時代、あるいは司法試験を受験していた司法浪人時代（大学卒業後4年間）は、若かったからだろう。1日に8時間は寝ないとすっきりせず、特に大学時代は、10時間くらいは寝ないと、体がもたなかった。

受験勉強をしていた浪人時代が、わたしには大学受験と司法試験受験の合計5年間ある。いずれも当時は規則正しい生活のもと、計画どおりの勉強を朝から晩までする生活を365日送っていた。

そのころの就寝時間は、午前0時まえだった。夜12時を超えて起きていることは、受験時代のわたしのなかでは悪であり、ありえない夜更かしと認定していた。そして合格に向けて（ほとんどの受験時代が前年の不合格の悔しさをばねに）猛勉強をしていたので、この境界を越えて夜更かしをするような「計画からの逸脱」をしたことは、

1度もなかったと思う。

大きな目標に向けられた試験勉強というのは、このように基本はストイックな自己規制が必要になる。

それは、必要な勉強時間の確保と、勉強時間中に頭がうまく働かない事態を限りなくゼロにするための日々の努力（安定した睡眠時間の確保）で構成される。

このように考えると計画とは、試験日から逆算して現在までの間にある空白（合計日数）を明確にし、「合格するためにやるべきこと」をその「空白期間の合計日数」で割り算して導かれる、「1日の勉強にあてるべき時間」の使い方になる。

計画には、「合格するためにやるべきこと」が何であるかの情報収集が、不可欠だ。ビジネスとして行われている予備校情報のみに頼らず、実際にその試験に合格した人たちの声（合格体験記や直接のインタビュー）を収集する。実際に試験を主催している団体（司法試験であれば法務省）がホームページで公表している「過去問」「出題趣旨」「解答例」などのメッセージの収集と読み込み、分析することも重要になる。

これらを最初にすべて行ってしまうことは、現実には難しいだろう。まだ勉強をしていない段階で試みても、そもそも実感がわかないのが通常だから、これらの「合格情報の分析と研究」は、勉強と同時並行で行い続けるしかない。

このようにして計算される「自分の持ち時間」のなかで、求められていることとの関係から「やらなければいけない対象」を、分割して試験までにすべて終えられるかの計算をする。

この計算ができる人は、合理的に取り組み、合格を勝ち取るだろう。

多くの人はこのような「計画」を立てることなく、闇雲に勉強を始める。問題集を購入して解いてみたり、教科書や参考書を買い集めてみては、つまみ食いで読んでみたり、あるいは予備校などに通って講義を受けてみたりというように。

これらは「合格」という目標達成との間で、「手段」に過ぎない。その手段は「計画」がなければ、具体的にどのような位置づけにあるのか、どれくらい重要で、そもそも必須なのか任意なのか、繰り返しやるべきことなのか、1度流すだけでよいのか、などがわからない。

わからないままに進める「無計画な勉強」を自己判断で採用すると、その「合否」

は、単なる運に左右される。運とは、たまたま「正しい勉強法」や「正しい計画」に合致していたかどうかという意味だ。

このような合格者のアドバイスからは、「買ったものを継続してやるべき」「毎日勉強すべき」といった、漠然とした情報しか得られないだろう。

それくらいならまだ参考にはなり得るが、合格のための情報の分別ができていないと、こんなアドバイスをする人もあらわれるだろう。「毎日夕方に漫画を読んでいたのが気分転換になり、よかった。だから漫画を読むとよい」とか、「土日は休みにしてテニスをしていたのがよかった。だから土日は勉強しないでテニスをしよう」とかである。本人の趣味でしかない情報が提示され、聞く側には、それが「合格の要素」であるような錯覚をもたらす。

ここで大事なことは、合格者がどんな本を読み、どんな問題集を解いてきたのか、という具体的な情報のはずだ。

運でたまたま「正しい勉強法」と「正しい計画」に合致した合格者でも、このような勉強の対象情報を提示してくれれば、大変有益になるだろう。

また、試験の現場でどんな答案を書いてきたのか、問題をどのように解いてきたのかは、「合格の要素」として極めて重要な情報になる。その結果、合格したのだから。合格者には、そこを教えてもらいたい。


話が運に流れていると思われたかもしれないが、そうではない。試験に合格するためにやるべき「計画」と、その「対象」の分析の重要性の指摘になる。

計画を立てたら、やるべきことを「細分化する」ことである。

この1週間で何をすべきなのか、この1か月で何をすべきなのか、いつまでに何を終えるべきなのか、といった大局的な計画をまずは立てる。


そのうえで、具体的に「今日は何をすべきか」という1日の計画も立てる。


計画は人の性格にもよるだろうが、どの受験勉強でも、わたしは何をすべきなのかという項目を明確に決めていた。

その項目は、必ずその日のうちに終えるべきものだ。その計画どおりに、例外的に風邪などで無理ということがない限り、100%実施した。

蓄積は、大きな力をもたらす。「計画」の発想ができる人は、勉強の最小単位である1日に分割した計画案を、計画どおりに実施すれば、予定された「束」(蓄積)が完成することを知っている。

もちろん、計画どおりにいかなかったときは微修正する必要もあるが、全然計画どおりに進まないという事態は避けるべきだろう。余裕で1日の計画が終わる「ゆるい計画」も、それなりの勉強時間を要する競争試験であれば、やめた方がよいだろう。

自分に負荷を課すくらいの「強い計画」は、自分を縛る「強制力」になる。

その「強制力」をいかして、計画どおりにコツコツと勉強を進められる人が、最終的に人がうらやむ「合格」という結果を手に入れる。

試験勉強の「自己実現」は、「計画」という名の「強制力」の活用が鍵を握る。

4

研究と勉強

――勉強をする人に必要な研究は合格法だけなのか？

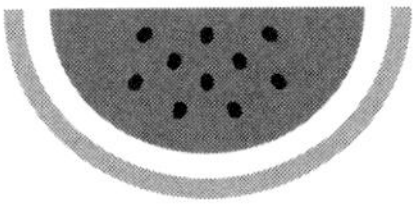

弁護士として実務をしていたころ、「研究」と「勉強」の違いについて、いまとは違うとらえ方をしていた。

大学教員になって、「研究者」である同僚との会話を重ねるなかで、学者の考えている「研究」と、受験のための「勉強」には大きな違いがあることがわかってきた。

大学の専任教員になってもうすぐ10年が経過するが、いまでは研究者（学者）側の見解に立っている。というか、「研究」という言葉の多義性を感じる。

このシリーズのなかで、税法の勉強のエッセイを書いたことがある。『税法独学術』（２０２２年）では、資格取得のための試験勉強で得られるのは、あくまで「基本思考」に過ぎないと説いた。

別の言い方をすれば、「標準思考」であり「共通思考」である。

こうした思考を得なければ、弁護士にも税理士にもなれない。という暗黙の了解事項が、司法試験や税理士試験では問われている（はずだ）。これは仕事に直結する国家資格はどれも同様ではないかと、推察される。

自分で実感できるのは、受験して合格したうえで法曹実務を行ってきた「司法試験」だけだが、この試験では少なくとも、確実にそういえる。

「標準思考」あるいは「共通思考」という「基本思考」の体得ができないと、論文試験は通らない（ようにできている）からである。

「合格」に求められている「基本思考」を体得しようとせず、あるいは「基本思考」を体得したはずなのに、それを論文試験の答案に明確に示すことができないと、司法試験には合格できない。

合格率が2％だった旧司法試験の時代には、わたしも含めて多くの受験生が、苦節何年の末にようやくそのことに気づき（あるいは誰かに教えてもらい）、あたりまえの「基本」を丁寧に書いてきたら、簡単に合格したという経験をもっていたと思う。

『税法独学術』は、独学の道を進むことを哲学的・抽象的に書いたエッセイとして、あまり読者にピンとこなかったかもしれないと反省し（重要な指摘ができたという自負はあるが）、本来その前提としてさきに書いておくべきだったかもしれない、「基本思考（標準思考・共通思考）」の体得、つまりは資格試験の「合格」に向けた「正しい勉強法」をエッセイでまとめようとするのが、本書になる。

司法試験の合格をつかんだプロセスには、「合格」に求められる「基本思考」をおろそかにし、独自の道をつき進み、「誤った勉強方法」を採用していた時期があった。

一方で、合格者は、いつまでも受験の過程で重視した「基本思考」にこだわっている。実務家になっても、受験時代にたたきこんだ思考にすがり続ける原因にもなっている。わたしは、そう分析している。

といっても、法曹に必ず求められる「基本思考」なくして、法曹資格を与えることは危険である（専門家とはいいがたい）。パスポートとしての司法試験には、まずは磨かれるべき「基本思考」があることを、否定することはできない（いわゆる法的思考力である）。

合格者に伝えたいのは、それはあくまで合格するための試験に求められた力に過ぎなかったということ。

であれば、その法的思考力を前提にしながらも、受験時代に重視された判例・通説ばかりにこだわる「標準思考（基本思考）」から脱却し、自分で「独自の見解」を示すことができる「独学の道」を鍛えていくべきだろう。

以上が、『税法独学術』における最大の主張だった。なるほどと思われた方は、こちらの本も読んでもらいたい。有資格者の方へのメッセージをつづったエッセイだったので、順番が前後するが、本書の続編としても読めると思う。

本書で述べる「試験に合格するための勉強術」では、このような独学思考はよろしくない。だから予備校が必要になるのかもしれないが、ビジネスで行われている予備校だけに頼るのもよろしくない。

いまの時代は合格に何が求められているのかが、明確に情報公開されている。

司法試験でいえば、過去実施年の「問題文」「出題趣旨」「採点実感」の3点セットが、新司法試験になってから、ずっと詳細な文章で全科目について公表されている。

「正しい勉強法」を知り、効率的かつ確実な合格を目指す受験生であれば、これらの情報を徹底して読み込み、分析する「研究」が重要だ。

弁護士時代まで考えていた「研究」とは、こういうものだった。

仕事をしているプロフェッショナルの方の言葉をひも解くと、「その分野について徹底的に研究をしたら、大きな結果を得られるようになった」という言説にたどり着くことが多い。

野球やサッカーなどのスポーツでも、漫画や小説などの芸術でも、功成り名を遂げたプレイヤーは、圧倒的な力を得るために、技術や発想の「研究」を徹底している。

個人的に好きな漫画に『ジョジョの奇妙な冒険』（集英社）がある。

作者の荒木飛呂彦は、ヒットする漫画の方法論について、独自の研究成果を詳細に公表している。同氏が漫画の「基本四大構造」と命名する方法論は、『荒木飛呂彦の漫画術』（集英社新書、２０１５年）と、『荒木飛呂彦の新・漫画術　悪役の作り方』（集英社新書、２０２４年）に結実している。

発売されたばかりの新刊の方をいま読んでいるのだが、漫画の王道としての理論だけでなく、実際のストーリーの裏話的なエピソードも多いので、ジョジョファンにはこのうえなく面白い。

このように、ある分野で秀でた活躍をするための技術や発想の「研究」が、わたしは好きだ。

わたし自身、失敗を重ねた上ではあったが、3回目の受験失敗後に、司法試験に合格するための「正しい勉強法」を、1年かけて徹底研究した。その方法論を身に着けて、ようやく合格できたという実体験もある。

弁護士になってからは、勝訴率が旧司法試験の合格率並みに低い国税当局を相手にした税務訴訟で、納税者が勝つための方法を研究した。個人の活動としては、読者に刺さる「売れる本の書き方」の研究もしてきたが、これはいまもひそかに行っている。

このような意味での方法論の「研究」は、「合格」するための「勉強」と並行して、徹底してやったらよい。そうすれば合格後もきっと、そのノウハウが資格取得後の仕事にも活きてくる。

一方で、その方法論にこだわるのは、よろしくない。それはあくまで、受験勉強に合格するための勉強法だからだ。

すでに得たパスポートの取得方法を、後輩に教え続けるという「予備校講師」の仕事のようなループに入ってしまう人を、難関試験の合格者にみかける。

しかし、自分の成長や出発が阻害されることに、気をつけた方がよいと思う。もちろん合格後に自分のやるべきことの傍ら、後進へのアドバイスをしたり相談を受けたりすることは、業界や出身校などに対する恩返しになるだろう。

それで、少ししつこいかもしれないが、『税法独学術』を世に問うた。

これに対して、大学で使われる「研究」は、「学問としての研究」になる。方法論としての「研究」の違いは、「研究」自体が目的になっている点だ。

法曹を目指す人が司法試験の受験勉強でいかに素晴らしい成績を得たとしても、そこで使う「基本思考」は、法学「研究」の世界では、ほとんど役に立たない。

なぜなら、法学「研究」とは、そもそも「基本思考」(標準思考・共通思考)を「疑う姿勢」が問われる世界だからだ。

ある分野の第一人者になるような、優れた研究を残す学者は、後に「基本思考(標準思考・共通思考）」になるような、「あたらしい理論」を、打ち立てる。

資格取得の勉強をしている人は、「基本思考」のでき次第で得点がつけられる受験「勉強」の世界と、全く異なる価値基準で動いている「学問としての『研究』」の世界を、混同しないように気をつける必要がある。

資格を取得して実務家になったのち、税理士でも弁護士でも公認会計士でも（他の資格者でも）、自分が仕事として実務にかかわる専門分野の研究者（学者）と接するときは、違う世界観でみる「視野の広さ」が求められる。学者の書いた体系書や論文を読むときも、同様だ。自分がたどってきた「基本思考」の合格判定をしてもらうための「勉強」とは、全く異なる世界に「学問」はあるからだ。

実務家から学者に転じた者にしか、本当の意味ではわからない指摘になるかもしれない。もちろん逆の場合でもわかるだろう。

どちらの世界の思考についても、いまはそれなりに熟知しているつもりなので、あえてこのようなことも述べてみた。

税理士を目指す人は近年、特に若い人は、大学院で税法「研究」をして修士論文を執筆する。その修士論文を国税審議会に提出して、税法科目2科目の免除を受ける。いわゆる「院免」が、スタンダードになりつつある。

このような人たちを10年ほど指導してきて思うのは、試験の「勉強」と税法学の「研究」を同時期に、使い分けながらやれる人は強い、ということだ。

違う能力を使うことになるから、片方の力で乗り切ろうとする人は、うまく行かなくなる。該当する人や、両にらみを考えている人は、注意されたい。

5

読書と勉強

——スタバで法律書や税務六法を開くのは読書なのか？

本を読むことを「読書」という。書籍や書物を読むという意味だろう。

この定義だと、雑誌は除かれるようにも思われる。が、書かれたものを読むのが読書だと定義すれば、雑誌を読むことも読書ということになる。

令和時代には、従来の概念と異なり、電子媒体を読むことが普通になってきたから、紙であるか電子（デジタル）であるかを分ける必要はない。


そうすると、X（旧ツイッター）の投稿を読むことや、官公庁のホームページの情報を読むことや、ネットニュースを読むことも読書になってしまう。


少なくとも、紙しかなかった時代に「新聞」を読むことを「読書」といっていた人は少ないように思う。であれば、ニュースの記事をスマホやパソコンで読んでも、読書とは考えない人が、多いのではないか。

このように考えていくと結局のところ、いまでも「本」のかたちをした物体の扉を開いてページをめくる作業を、多くの人は「読書」だと捉えているのではないかとも思える。

電子書籍については、媒体が違うだけでおおもとには物体としての「本」があるから、これは「読書」で異論はないだろう。

それでも、文字情報としてのメールやＬＩＮＥを読む行為を「読書」という人を聞いたことがない。Ｘの投稿を読むことが「読書」といわれていることも、やはり聞いたことが（少なくとも、わたしは）ない。

読書とは、意外と「狭い領域の行為」を指す。そう考えている人が、多いのだろう。本を読むことは、それだけ「特別」な行為なのかもしれない。


では、法律書を読んで勉強している人は「読書」をしているのだろうか？


電子書籍の法律書は、まだ多くない（サブスクによる税法書籍のデータベース上の閲覧システムなどが提供されはじめたことなどは、もちろん知っている）。

そこで、ここでは「紙の本」である法律書を読む場合で考えてみよう。さきほどの議論によれば、文字通り「紙の本」を読む行為が、法律書を読んで勉強することだから、この場合も「読書」といってもよさそうではある。

ただ、法律書を読んで受験勉強をしている人が、「いまわたしは、読書をしている」と思っていることは少ないように思う。だいたい受験勉強している人は、よく「本を読む時間がない。勉強が忙しくて、読書なんてできない」と嘆くものだ。

であれば、法律書を読んでいるのは「読書」のようにみえて、「そうではない行為」をしていると、わたしたちは考えていることになる。


では、何をしているのか？


そう、「勉強」をしているのだ。

そして、わたしたちは、勉強をするときに読む「法律書」も、「予備校のテキスト」も「参考書」も、「判例百選」も、「問題集」も、「六法」も、どれもこれも「読書」とはいわない。おそらくほとんどの人が、これらを読んでいるときに「読書」をしているとは思っていないだろう。

なぜか？

行っているのは、「勉強」だからである。


このように考えると、たとえ「本」を読んでいる場合でも、勉強が目的になっている場合は「読書」とはいわない、という除外規定のような枠づけができそうである。

ここまでは、読者の方も「なるほど」とふだん暗黙のうちに使っていた言葉とそれほど相違がないと、納得されるのではないか。

ところが、この定義で考えたときに、さらに難しい問題があらわれる。

それは、社会人の方が「ビジネス書」や「新書」を読んでいる場合である。

ビジネス書や新書をスタバやタリーズなどのカフェで読んでいる社会人に、「いま何をしているのですか？」と聞いたら、おそらく多くの人が「読書をしています」と答えるだろう。

あるいは、そのような本を読んでいる社会人の姿をみた子どもに、「あのお姉さんは何をしていると思う？」とたずねたら、きっと「お姉さんは、本を読んでるよ」「読書をしてると思う」と答えるのではないか。

では、その隣でさまざまなペンを使って、手あかで汚れたような分厚いテキストや問題集に書き込みをしながら、同時に髪をいじっている女子高生がスタバにいたら、どうだろう？

今度は逆にそれを眺めた人は、その女子高生は「勉強している」と思うのではないだろうか。そして、実際にも、その高校生は「勉強」をしている。

さらに、別の質問。

社会人のAさんが、社内で書類を読んでいる。これは読書でしょうか？
それは仕事です。
という答えが予想される。

では、税理士や弁護士が、案件を処理するために「税務六法」を読むのは？　金子宏先生の『租税法』（弘文堂）をひも解くのは？
それも仕事です。
と答える人が多いと思われる。

そうすると、法律書を読むことは、「勉強」の場合と、「仕事」の場合に分けられることになる。「読書」になる余地は、ないのかもしれない。

でも、たとえば、小学校6年生の男の子が「法律に興味がある」といって、弁護士の父親の書棚から「法学入門」という本を取り出したとする。それを夏休みにベッドに寝ころびながら読んでいたら、それはなんと呼ぶのだろう？

法律書だけど、小学生にはまだ学校の勉強対象でもない。もちろん、子どもだから仕事をしているわけでもない。


そう、だからそれは……「読書」です。


ということにならないか。

このように考えると、「読書」とは、業務としての強制や学校の勉強や受験の目的にはなっていないものを指すことになるだろう。

つまり、自分から自発的に興味をもって純粋に読むだけなら、たぶんそれは「読書」だ。

このように考えてみると、もしあなたが法律や税法を職業にしている場合、新書であったとしても、いままで法律や税法がらみの本を読むときには、読書と違うモードに覆われていたことの意味が、解明できたのではないか。

少なくともわたしは、職業上、法律や税法に関する書物を読んでも、それを「読書」と感じることができなかった。

司法試験の受験時代にすることができず、「いつか必ずやりたい」と思っていたのが「読書」だった。

母方の祖母が読書家だった。それで受験時代に母を通じて「この本を読んだら」と、いろいろな本をプレゼントしてくれていた。なのにわたしは、いつも「本など読む時間はない」と受験生の回答をしていた。

司法試験に受かるころに祖母は倒れ、数年の療養生活を経て亡くなった。それで結局、もらった本のことや読書の話をすることができなかった。

わたしが読書好きになったのは、弁護士になってから。30代になってからだった。

思い返すと、子どものころ、母方の祖母は、たくさん本を読んでいた。そのころは漫画しか読まなかったわたしは、祖父母の家に遊びに行くと、祖母がどんな本を読んでいるのかを、観察していた。廊下にあった本棚やテーブルに置かれた本の表紙を、チラ見していたのだ。それでなんとなく、どんな本があったのかを覚えている。

大人になって松本清張のファンになった。祖母はきっと松本清張を読んでいた。このまえ母に聞いたら「ああ、読んでたと思うわよ」といわれた。

それなのに、大好きな松本清張の本の話を祖母とできないし、する機会がなかった。祖母が亡くなってから、わたしは同氏の小説を読み始めたからだ。

勉強は本を読む行為のはずなのに、楽しんで読む余裕や時間を与えない。だからこそ、試験勉強が終わったら、楽しんで本を読みたい。

そう思っていた。

本節の最後に。この本の原稿を読んでいる担当編集者のA氏は、その時間を読書と思われるだろうか？

おそらく、本が完成してからゆっくり読ませていただきます。

いまは編集者として原稿をくまなくチェックさせていただいています。

そういう回答が返ってくる気がする。

読書とは、仕事や勉強などの目的にとらわれず、リラックスしてその本の世界にひたれる時間をいうのだと思う。

試験勉強が終わったら、読みたい本をカフェで開いて、その世界にひたってみよう。

そんな未来の希望が、きっといまを支える。

6

遊びと勉強

——遊びたい気持ちを抑えて勉強するのは正解か？

合格に向けて試験勉強をする人には、前節で書いた「読書」を我慢するというタイプの人が、それほど多くはないかもしれない。
試験勉強をする人の多くは若い人なので、「遊びたい」のを我慢して「勉強する」という図式が起きやすいように観察される。
観察されると書いたのは、大学で30歳も年下の学生と日ごろ接していると、みなさんそのような言動をしているからだ。

わたしはどうかというと、50歳にもなると「遊ぶ」という欲求や願望がそもそもない。特に大学で学生ばかりに囲まれて毎日を過ごしていると、若い人の「遊び」はエネルギーを消耗する行為にみえてしまう。

一言でいえば、疲れそうだなと思ってしまう。

それは年をとった証拠ということかもしれない。ただ、もともとわたしは「遊び」と「勉強」の葛藤というものを、若いころにも感じた記憶が少ない。
もちろん、あったのかもしれないが、そもそもお酒が飲めないので「飲みに行きたい」と若いころに思ったことがない。付き合いとして「面倒だけど、仕方なく行く」のが「飲み会」だった。友達とわいわいする（いまの若い人が使うわちゃわちゃする）ようなことも、あまり好きでもなかった。

なので、「勉強」の道に進むことを決めたときは、どちらかといえば平穏な生活を獲得できたような気がした。

それが大学3年生で予備校に通い始めて、司法試験の勉強をスタートしたころの感覚だった。

「勉強」を始めると、それまで友達と騒いだりしていたのと比べて静かな生活になってしまったようにみえる反面、ひとりで黙々と「勉強」する毎日は、自分が少しずつ賢くなっていくような満足を得やすくなった。

いま振り返るとだが、そう思う。

それが5年半にも及び、第1節でも述べたような挫折のオンパレードにつながるとは思ってもいなかった。それは要するに、「不合格」をつきつけられてから始まった

「苦節」だった。

一方で、司法試験の受験を始めるまで、大学3年生の4月からの2年間、予備校の講座をとって「勉強」していたのだが、合否の出ないこの時期の「勉強」はとても楽しかったと記憶している。

「勉強」ばかりの生活になったのは、大学を卒業してからだ。大学3年生、4年生のころは、当時付き合っていた大学の同級生の「彼女と遊んでいる時間」と、「それ以外の勉強をしている時間」に分けて過ごしていた。

その意味では、彼女と2人で「遊ぶ」という時間が自分には合っていたというだけで、やはり勉強のアクセントとしては「遊ぶ」時間も必要だったのかもしれない。

受験が近づくにつれ、大学4年生の終わりころ（年が明けて1月以降）には、大学の同級生は卒業旅行に行って、最後の学生生活を謳歌しはじめた。

わたしは5月に択一試験の受験を控えていたから、卒業旅行には行けなかった。

1月以降は予備校で択一試験の模試が始まり、毎週「合格推定点」のとれない日々が続くと、あせる気持ちとイライラする気持ちが増えてきた。

そのころだった。渋谷の道玄坂に当時あったカフェやゲームセンターが複合した施設で待ち合わせ、いつものように彼女とコインのゲームをしていたときだったと思う。

こんなことをしている場合ではない……。


という気持ちが初めて芽生えたのだ。

そのときがきっと、「司法試験の勉強」の世界に完全に足を踏み入れた瞬間だったと思う。


自分の話はこんなところだ。教員として学生を日々みていると、法曹を目指す学生、税理士を目指す学生などが、毎年複数名わたしのゼミにやって来る。

彼ら彼女らからよく耳にする言葉が、「メンタル」と「遊び」である。

いまの学生は、「メンタルがやられる」という言葉をよく使う。

わたしたちが学生のころにはあまり使わなかった言葉だから、使う言葉が時代によって違うということだけなのかもしれないが、ＳＮＳもスマホもなかった時代の学生は、基本はみな孤独がベースにあったと思う。

だからそもそも他者とつながる時間が貴重であり、非日常だった。

仲の良い友達とはよく会うし、交際相手とは頻繁に会うが、そうでない人とのつながりは、いまよりはるかに希薄だった。

インスタもBeReal.もないから、テレビをみるか雑誌を買って読むなどしない限り、同世代の人が何をやっているのかもわからなかった。

それが孤独を強く醸成していたように思う。部屋でひとり音楽を大音量で聞いたり、漫画を読んだり小説を読んだり、ドラマを観たりという、自分と向き合う時間が多かった。

そういう「ヒマな時間」に支配されがちな、大学1、2年生を過ごした。サークルは最初だけ入ってすぐに辞めてしまったので、大学の授業を除けば自由な時間が多くあった。なので、大学3年生からの司法試験の勉強は、「ヒマな時間」を消してくれた。そして、毎日の充実を獲得したような気分になれた。

このように考えると、他者の情報がスマホから毎日入ってくる24時間を中学、高校のころから過ごしているいまの学生や若い人には、わたしたちの世代にはわからない「メンタル」の問題が生じるのかもしれない。

だったら、人とそんなにかかわらなければいいのに……とも思うけれど、現代社会ではなかなかそうもいかないのだろう。

自分から離れてしまうと、つながり過ぎる令和時代の日常生活では、もとに戻ることがきっと難しくなるからだ。わたしたちの学生時代はみんなが孤独だったが、みんながつながっている時代では、孤独の側にいってしまえば、大変なストレスを受けることになるのかもしれない。

人とつながりあいながら、自分の「勉強」の時間も確保するためには、「遊ぶ」（人とリアルでつながりあう）時間とのバランスが必要になるだろう。

時代の違いを検証するような節になった。もしかしたら若い読者には、直接参考になるアドバイスが受け取りにくい節になっているかもしれない。

ただ、時代が変わっても、人の本質はあまり変わらないと思う。

若い人が強く求める「遊び」は、年をとればいずれどうでもよいものになる。むしろ、エネルギーを使うだけの無駄な時間のように思える年齢が必ずやってくる。

一方で、勉強は「一生もの」になる。

なのに、「一生もの」で取り組んでいる人は、実際は少ない。

ということは、「遊び」も面倒になり、そもそも「勉強」もしないという、大多数の人が過ごす毎日がいずれやってくる。その可能性は高い、ということだ。

だったら若いうちは思いっきり、「勉強」しておいたらどうだろう?

「遊び」を我慢する必要はないが、大学3年生以降になったら、「勉強」を軸にしながらの生活にするのは、将来のよい習慣の獲得につながるように思う。

いまは少人数で先輩や同級生の同志を得ることができ、専門の先生から教わることのできる「ゼミ」が、大学教育では充実している。

税理士や法曹などの道を目指す人でなくても、ゼミを軸にすれば、自ずとやらなければならない「勉強」の毎日を手にすることができる。

もちろん、サークルもバイトもインターンも就活も同時にやることになると思うし、仲の良い友達と飲み会や旅行にも行くだろう。

でも、社会人になっても、これらと同じようなことをやることになる。多くが仕事という名前に変わり、毎日が仕事を中心にした生活になる。

そしてそのすきまに、気の合う人と過ごす時間があらわれる。それは「遊び」の時間ということになるだろうか。


社会人になると、放っておけば「勉強」の時間は消失する。


わたしはいまでも日々「勉強」している。それが面白いと思っている。

30代よりも40代の方が、知識も経験も豊富になった。圧倒的に賢くなったと実感できた。50代になったいまでも「勉強」を重ねている。自分の知識が増え、知見が鋭くなっていく実感がある。最近は、経済、財政、金融、地政学、安全保障などの本を読んで「勉強」している（だいたいスタバで読んでいる）。

そのような30代、40代、50代……を過ごすための鍵は、若いうちからの「勉強」の習慣だろう。習慣にするのは、机の上で問題集をがむしゃらに解くような試験「勉強」ではなく、専門的な学びとしての「勉強」がよい。

7

仕事と勉強

——勉強は受験が終わると解放されるものなのか？

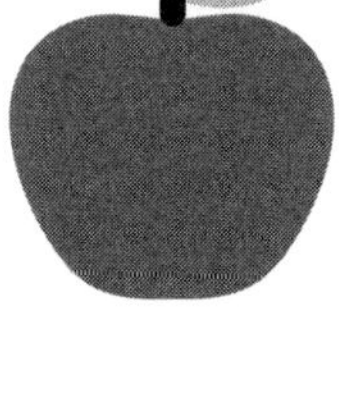

亡くなったビジネスマンの叔父は、「ひろつぐ、人生は一生、勉強だぞ」と説いた。子どものころのわたしに、お酒を飲みながらだ。が、大学生になって司法試験の勉強を始めてから、特に強調された記憶がある。

叔父には、海事専門の弁護士をしている知り合いがいるとのことだった。大学時代に「法学部なら、そこでバイトしてみたらどうか」と母を通じて誘われた。それなのに、面倒くさいと断ってしまった。

いま思えば少なくとも、1、2年生のヒマなころに短期でもやらせてもらっておけばよかったと思う。が、あとの祭りである。

そんな叔父からの、弁護士になるなら余計に「一生勉強しないとダメだぞ」というメッセージなのだと、わたしは受け止めていた。生前に直接伝えられなかったが、いまでも感謝している。

当時は1年あった司法修習の実務修習は、実家から通える横浜で行った。

刑事裁判の修習期間が3か月。２００２年10月から12月末まで、横浜地裁の刑事部に勤務した。

刑事部の部長だった裁判官は、「毎日30分でもいいから、弁護士になったあとも必ず何かの勉強をした方がよい」という、具体的なアドバイスをしてくれた。

あなたが資格取得を目指す受験生だったとした場合、その資格試験（税理士試験や司法試験など）に合格したら、「勉強から解放される」という淡い期待を抱いているかもしれない。

それは、2人のアドバイスに従えば、幻想だ。

もっとも、試験勉強からは解放される。ニュアンスとしては、試験の「勉強」と、資格取得後も続けるべき「勉強」とは、少し意味が違うかもしれない。

読書の定義論を本書で行ったが、同じことが「勉強」でも生じるように思う。というのも、亡くなった叔父や修習時代の裁判官から受けたアドバイスにいう「勉強」は、わたしの日常生活の感覚としては、「勉強」とは思っていないことだからだ。

学生にアドバイスをするときなどは、学生には「勉強」という言葉の方が伝わりやすいと思うから、「社会人になってからも、『勉強』した方がよいですよ」とか「社会人になってからも『勉強』し続ける人が強い」といった言い方をする。

であれば、若いころのわたしにアドバイスをしてくれた2人と、同じような助言をいまのわたしも学生にしているのかもしれない。


大事なことは、「仕事」をする人にとっての「勉強」ということになる。


税理士資格の取得を目指す人は、社会人として会計事務所や税理士法人などで働きながら、税理士試験の「勉強」もしている人が多い。この場合は文字通り、「仕事」と（税理士試験の）「勉強」を両立していることになるだろう。

でも、大学院に入学して、税法の修士論文を執筆する場合、大学院の指導教授の先生方は、「勉強」という言葉を使わないだろう。

大学の先生は、学部のゼミでも、大学院の修士論文の執筆でも、学生の本分を「研究」という言葉で括ることが多いからだ。

そして、日々の授業の予習や復習については（している学生の数が実際にどれくらいいるかはわからないが、シラバス上は全員やることに一応なっている）、大学の先生は、「学習（学修）」という言葉を使うことが多い印象だ。

それでも、大学生は「大学」でも、「勉強」をしていると考えている人が多い。

すれ違いは、大学とは、授業はあるものの、基本は教わる場ではない（先生から手取り足取り生徒が教えてもらうのは、高校生で終わり）と考えている教員側と、大学の先生にも高校までの「先生」役を求めようとしてしまいがちな学生側との、ギャップから生まれる。

もう1つの違いが、そこにはきっとある。

それは、大学での学習（学修）は、自分で専門書や論文を調べて読み（法学部なら、法令の条文や判例も自分で調べて読み）、自ら学んでいく場であるということ、その成果に対して問題を解いてもらって点数をつけるような（計算ドリルのような）対象では、そもそもない（答えが1つですらない）ということだ。

一般にいう「勉強」は、きっともっと広い概念だろう。2人の人生の先輩から受けた助言にあった「勉強」も、広い意味で使われていたと思われる。

そのような社会全般で多くの人がよく使う意味の「勉強」とは、何かを学んでいくという意味だろう。

大人になっても、知らないことがたくさんある。大学を卒業しても、大学院を修了しても、税理士試験に受かっても、司法試験に受かっても、知らないことだらけ。それが当然だと、大人はみんな知っている。

あくまで、学部も研究科も、専門分野を学んだり研究したりする場に過ぎない。国家資格といっても、その資格に基づく仕事をするために最低限知っておいてもらいたい基本事項しか、試験では問われない。

それなのに、受験勉強の果てにつかんだ「合格」の先には、もう「メンタル」がやられることのない安定した人生が待っている。若い受験生は、そのように考えたくなるのかもしれない。

しかし、実際には違う。

むしろ、お金をもらってクライアントにサービスを提供しなければならない「仕事」の方が、はるかにストレスフルだろう。

資格試験で「勉強」したことがほとんど使えないくらいに、実務の「仕事」は複雑な制度や専門外の規制や取引の実態を知らなければ、処理ができなくなっている。

ところが、これを「楽しい」と思える人がいる。

仕事を「楽しい」と思える人は、きっと自分が知らないことを発見できる人だ。つまり、「仕事」という場で学べる人だ。

ベテランになっても、法は改正されるし、知らない制度や取引の実態に遭遇する。だから、常に調べてさまざま学び続ける必要がある。それが、税理士であり、弁護士だろう。その他の国家資格に基づく職業も、公務員も含まれる。

そこに喜びを感じられる人は、「仕事」をする毎日が楽しくてたまらない。

そういう境地になれる。

わたし自身も受験「勉強」がとてもつらかった反動なのか、弁護士になってからの

「仕事」は、わからないことだらけだった最初から、ずっと楽しかった。
ただ、「仕事が楽しい」と思えたのは、大学卒業後4年も無職の受験時代があって、挫折の連続からくすぶった時間を過ごしたことが、関係しているかもしれない。

あのときに比べれば……全然。

と、どんな場面でも思えたからだ。
「お金」がなく「合格」もなく、受験中に「彼女」も失った受験時代と異なり、どんな難問がやってきても「不合格」になることはない。
仕事をしていれば、必ず対価として「お金」をもらえる。

となれば、仕事は「楽しい道」だ。

試験の「勉強」は、逆に「楽しい道」ではないと思う。それなのに試験の「勉強」を楽しいと思えてしまった人は、そのあとの「仕事」を楽しいと思えるのだろうか?
わからないが、「仕事」を楽しむコツは、「仕事」の中に「学び」がたくさんあることを実感することだろう。

日々の「仕事」に「学び」があるとわかれば、そこから多くのものが得られるから、貴重な職業体験になる。それがさらに、次にも確実にいきる。その好循環は、「仕事」がどんなものであれ、「学び」を求める限り消えることはない。

こうした「学び」の姿勢を大切にすると、「仕事」は充実する。

しかし、世間一般では、受験のための準備や小中高の教科書や授業に基づく「勉強」と同じように、言葉を変えずに「学び」を「勉強」という。

もしかしたら、あまり「勉強」をしてこなかった人が、もっと「勉強」をしておくべきだったという意識が強くなり、「人生はずっと勉強だ」という境地になるのかもしれない。

それは想像に過ぎないけれど、「学び」の気持ちを忘れずに日々の難問に立ち向かう姿勢は、「勉強」でも「仕事」でも、全てを成功に導く原動力になるだろう。

8

恋愛と勉強

――恋愛と勉強の両立は可能なのか無理なのか？

1998年から2001年まで4回受験した旧司法試験だが、そのころの合格体験記を読むと「受験中に彼女に振られた」というものが散見された。

勉強もきちんとせず何年も受け続けていたら、そりゃ振られるでしょうに。そう思っていたわたしには、大学2年生から他学部の同級生の彼女がいた。受験勉強を始めた大学3年生のときには、交際相手がいたことになる。

大学を卒業するまでは、「彼女と過ごす時間」と「司法試験の勉強の時間」と「大学の授業を受ける時間」との両立をすることができた。

いまの学生の場合は、授業とサークルとバイトとゼミと就活（インターンを含む）との両立が、ほぼ全学生に共通項で、そこに彼氏や彼女との付き合いも含まれていることだろう。女子の場合は、さらに仲の良い友達との旅行やカフェ活なども欠かせないように観察される。

そのような生活を送りながら、さらに司法試験を受ける学生は、予備校に学部の早い段階から通い始める。ということで、さまざまな両立事項があって、わたしたちの学生時代よりも、はるかに忙しそうだ。

学生をみていると、恋愛と受験勉強の両立は（相手がいる場合であるが）普通にできている人が多いようにもみえる。

もっとも、これができているのは女性が多く、男性の場合は突出して勉強ができる人が該当している。というのが、10年間ずっと学生をみてきた、わたしの個人的かつ感覚的な統計データである。

話をわたしの受験時代に戻すと、３回目の受験に失敗した２０００年。長年つきあってきた彼女にも振られることになった。

２０００年は、略せば「00年」である。

今年はゼロの年だ。０からのスタートになる。がんばろう。

そう思っていたら、本当にゼロになってしまった。

５月に彼女に振られ、８月にはせきが止まらなくなった。当時は原因がわからなくて、秋になってもずっとせきとの格闘になってしまった。10月には論文試験に2年連続で総合A評価の不合格となり、すべてを失ってしまった。というゼロだ。

以前に読んでいた合格体験記で「彼女に振られた」という人達と、まさに同じ境遇になってしまったのだが、３回受けてもダメならやめようと思っていた試験だった。秋の論文試験の合格発表で名前がなかったことを確認した日は、初めて無断で自宅に帰らなかった。同居の両親にも当時健在だった父方の祖母にも、そして11歳年の離れたまだ中学生だった妹にも、とにかく心配をさせてしまった。

「もう何をやってもダメだ」という（自信の）喪失感から、体調だけでなく精神的にもおかしくなっていた。このときの受験仲間（いまでは全員法曹になっている）には、とにかくこの件で当時は毎日のように迷惑をかけてしまったことを、先日５人のグループSNSで（20年以上たってからだが）謝罪した。

過酷にも感じられた体験だったが、２％しか合格できない試験では、そこらじゅうで起きていたことだろう。

そのまま合格できずに10年以上の勉強をし続けた人、その後にできたロースクールに入学することになった人、さらにあらたにできた新司法試験の受験も（当時３回の）回数制限を超えてしまい、もう１度別のロースクールに入って受験を続けた人、そのような苦節の末に30代、40代で司法試験にやっと合格した人も、ロースクールの教え子や受験時代の知り合いには普通にいる。

なんとも過酷な世界だ。大学教員として、もしそのような試験制度がいまでも残っていたら、基本学生には絶対に勧めない試験だったと思う。

一方で、いまの試験は、合格率が2年連続で40％を超える。

２０２３年（令和５年）からロースクールの在学中に受験もできるようになった。高い学費の負担に家族の理解と協力が得られれば、ほぼ1回の試験に変わった。大学卒業後はロースクールがあり、いまは在学中に司法試験を受けられるから、わたしたちのころのように無職になることも回避できる。法科大学院（ロースクールのこと）に行けば、そこには同志がたくさんいる。

知り合った人と仲良くなれるし、「彼女は社会人」あるいは「彼氏は社会人」ということもあるかもしれないが、比較的ロースクール生同士のカップルが多いと聞く。

そうなると、話は早い。勉強をしなければならない環境を、お互いが理解したうえでの付き合いが可能になるだろう。

こうしてみると令和時代は、「勉強」と「恋愛」の両立が十分に可能になっているとみえる。

ロースクールに進学する学生をみても、そういう人が普通にというか、多くいる。

では、税理士試験は、どうだろう？

大学を卒業して、そのまま大学院進学をする人がいまはとても多い。その間に簿記論と財務諸表論の試験を受けて合格したら、税法科目も1科目受ける。

これらの3科目を大学院在学中に合格してしまえば、修士論文の執筆で税理士試験は完了になる。あとは実務経験を経て、国税審議会に免除申請すればよい。

このタイプの学生も大学院で毎年みているが、税法の大学院では修士論文を書かなければいけないから、なかなかハードだろう。

合否をつきつけられる受験勉強の準備とは、また違う道である。文献収集も判例や論文の読み込みも、すべて一人でやり続けなければならない。そんな院生の指導を毎年行っているが、修論執筆と恋愛の両立が可能なのかよくわからない。

税理士志望者同士であれば、あり得るのかもしれない。もちろん、そうでない相手がいたとしても、合理的に研究を進められる現代風のタイプの学生であれば、きっと要領よく両立できるのだろう。

学部のゼミ生と異なり大学院生となると、ほぼ論文と研究のことしか話さないまま修了していくので、この点については個人的・感覚的な統計データがない。

いずれにしても、「恋愛」には終わりが来る。

結婚すれば夫婦（カップル）としての生活がスタートするし、別れればもちろんそこで終わる。

それに対して「勉強」は、どうか？

そう。「勉強」には、終わりがない。

法曹になっても、税理士になっても、「勉強」は続く。

その定義が広い意味での学びであることは、前節で確認した。

このように考えると、社会人になってからも「恋愛」と「勉強」の両立をする場合は、「仕事」と「勉強」と「恋愛」の3大柱を同時にまわすことになる。

「勉強」が試験「勉強」でないのであれば、両立は問題なく可能で、全体に充実感を得やすいように思う。

一方で、結婚により「恋愛」が終われば、柱の1つが消えるようで、そうではない。「仕事」と「勉強」に加え、今度は「家庭」が入ってくるからだ。

子どもが生まれれば、そこに「子育て」や「教育」も追加される。

こう考えると、若いころからさまざまの両立をこなしてきた人は、社会人になり家庭をもってからも、強いのではないかと推測される。

何か1つだけをやる。それはいっけん尊くもみえる。

しかし、実際には1つだけをやっていられる時間は、現実にはあまりない。あるとしたら、自分からさまざまなことを切り捨てることができてしまう、学生時代だけだろう（学生は、そもそも経済面は親に依存している）。

ただし、「恋愛」は、感情の「ジェットコースター」が起きる。うまくいっているときはよいが、そうでなくなったときに、やるべき重要な「勉強」が手につかなくなるおそれがある。だから、やっかいだと、恋愛を卒業した大人は思ってしまう。

２０００年から２００１年までの最後の受験期は、勉強の辛さよりも、「勉強をしていたから、振られてしまった」というショックに振りまわされた時期だった。

若いときには気づきにくいが、「恋愛」も自己責任ということだ。

この経験を経て、翌年に最終合格をしたことで、「勉強だけは自分を裏切らない」ことを知った。

「仕事」にも同様にあてはめることが、一般的にはできるだろう。もちろん、努力すれば何でもうまくいくというわけではない。しかし、少なくとも自分や相手の感情に支配され、結果が翻弄されることは起きにくい。これが「仕事」だと思う。

「恋愛」が「勉強」の原動力になっていた時期もあった。大学３年生から４年生の司法試験の勉強の初動期である。

ＬＩＮＥなどの連絡もマメにとれる時代。人付き合いも器用にできる人が多くなった令和時代。学生は、わたしの司法試験の初動期のように、「恋愛」も「勉強」の原動力にしてしまい、その勢いで合格までたどり着く。

いまは、それが普通なのかもしれない。

9

理想と現実

——目覚めよ、現実に。それは理想論ではないか？

「あんな風に自分もできたらなあ」と思うのが、「理想」である。

「でも、自分にいまそんな力はない」と落胆するのが、「現実」だろう。

対比すると、「理想」は将来できるようになりたい希望の像になり、「現実」は思うようにできない歯がゆい現状になる。


資格試験の勉強をしている人は、自分がその資格試験に合格した瞬間を「理想」として描くのだろうか。

税理士試験に5科目合格をした瞬間、あるいは免除申請が通った瞬間、司法試験に最終合格した瞬間……などなど。

しかし、この場合、出発点を「理想」にしてしまっている。このことに気づけない受験生は、意外と多いのかもしれない。

合格がゴールになってしまうという「現実」だ。結婚がゴールと考える女性が昔は多かったと言われるが、それに近い発想かもしれない。実際には結婚してから2人の夫婦としての生活はスタートする。そのあとの道のりからすれば、時間が経てば経つほど「結婚」はスタートに過ぎなかったとわかる。

結婚前はスタートまえになるため、「紀元前」のような感覚になるだろう。

合格してから職業がスタートする職種の場合、その試験の勉強は、出発点に立つためめの「手段」に過ぎない。

受験勉強の時代は、あっという間に「紀元前」の話になるだろう。

それなのに、その試験勉強を「目的」化してしまう傾向が、一定数にみられる。

これは予備校がビジネスとして、試験の合格自体をゴールのように設定することの影響かもしれない。ゴールにたどり着いた人が、そこでは英雄視される。

思い出してみよう。中学受験に合格した人も、高校受験に合格した人も、大学受験に合格した人も、それぞれの中学、高校、大学に入ってしまえば、全校生徒が全員「合格者」だった。その全員は、英雄だったのか？

全然違う。と気づければ、資格試験の勉強も「手段」とわかる。

わかった人は、合理的になれる。手段としてのパスポート（合格）を得るための、方法論を模索する。

合格体験記を読んだり、合格者から直接話を聞いたり、出題趣旨や採点基準、出題傾向を分析したりすることに余念がなくなり、過去問を何回もまわすことになる。

こうした人を傍目にみながら、独自の勉強を始めてしまう人が、不合格になる。これは、いまも昔も同じだろう。

学部のゼミ生をみていても、税理士試験にすぐに合格する人、司法試験に1回で合格する人は、すでに合格した先輩の話を最初のうちに徹底して聴き取っている。短期で結果を出した合格者は、「合格」のイメージをつかんだ上で勉強している。

こうして合格を果たした人は、その試験に合格するためのノウハウを知っている。求められれば後輩にも惜しみなく伝える。ところが、身近にそういう人がいても、教えを請わない人もいる。

「自分の道」は、「独自の勉強」で開かれると信じている。その考え方が原因になっていることが、多いように観察される。「合格」を資格を取得してからその職業で活躍する「目的」のための「手段」として位置づけられていないのだ。「合格」すること自体が「目標」になり、「勉強」はその手段という発想だ。

「合格」を「理想」に設定すると、「理想」を自分のあたまのなかで想い描くことになる。「理想」化された「合格」は、幻想のように見えにくいものになる。

幻想としての「合格」を「理想」として描けば、勉強はオリジナルな「宝探し」になりがちだ。それで「我が道」が正しいという発想に、結びついてしまう。

「合格」を「現実」として見ていないのだ。

売れっ子の漫画家になること、アイドルとしてトップに立つこと、世界的な賞を総なめする映画監督になること、ベストセラー連発の小説家になること。

これらが理想の場合には、そもそも「正解」がないから、我が道を究めるしかない。ただし、この道には、「強運」と、天才と呼ばれるに相応しいレベルの「才能」がなければ、そもそも到達できない。勝者がごく一部しかいない世界だからだ。

資格試験の「合格」は、全然違う。

税理士になることも、弁護士、裁判官、検察官になることも、公認会計士になることも、普通の「運転免許」の試験と変わらない。

実際、パスする人は、毎年たくさんいる。自分が受ける試験の、数字（合格者の人数）をよくみるべきだ。そのことに気づかずに我が道を開拓しはじめると、痛い目に合う可能性が高まる。

さらりと合格した同期や知り合いに「あんなので受かるのか」と、「受かり方」にまで文句をつける。そのような文句を言う人が、「現実」には、まだ合格しておらず受験生なのだ。

このような心理に陥りがちなのは、自分に自信がある人だ。子どものころから、勉強ができる人だった可能性が高い。

そういう人が、資格試験では危ない。

いまいちど、何が自分の「理想」で、いまある「現実」とのギャップを埋めるためには、何をしていけばよいのか、「合理的な道」を考えた方がよい。

「合理的な道」とは、「現実」の道である。

その「合理的な道」は、そもそも「運転免許」に過ぎない資格試験の場合は、画一的な「標準思考」（基本思考）を得ればよいのだから、「合格」した人にやり方を聞けばよいだけなのだ。

自動車教習所に通う人たちで、「歴代1番の運転で卒業したい」とか「卒業検定の試験で満点をとりたい」と考える人は、いるのだろうか。

「いないでしょう、そんな人は」とわかる人なら、「じゃあ、税理士試験や司法試験だって同じでしょう」という思考ができるかどうか。

できないとすれば、「税理士試験は違うでしょう」「司法試験は違うでしょう」と勝手に自分で「合格」に霧をかけ、「理想」の像をつくってしまっていることになる。

勝手に抱いた幻想に振り回されることは、難関の国家試験ほど、残念ながら一定数の受験生に起きやすい。

「理想」は試験に合格することや、高い得点や高い順位で合格することなどではなく、その免許（資格）をとったあとに「何をしたいのか？」のはずだ。

もし自分が資格試験の勉強をしているとしたら、その「何をしたいのか?」を考えることをしておいた方がよい。

したいことに憧れがあれば、試験の合格や合格の仕方などのすべてが、「手段」に過ぎないとわかる。わかれば、回り道をしないで済む。

受験は点数だけで評価される。競争試験では、相対的上位の点数を記録した人に「合格」がつく。それだけだ。

そんな点数ゲームなど、割り切ってさっさと卒業してしまった方がよい。「わたしは、しっかり勉強したい」と思うなら、合格してからやればよい。

有資格者の方は、しっかりとした勉強をいまでも続けられているのかを、逆に自問したい。

我が道を貫き回り道をしたがために「不合格」となり、涙をのんだ受験生の「目標」(憧れ)を、すでに達成した人なのだから。

10

予備校と大学

——予備校を利用すれば資格試験に合格できるのか？

法曹を目指して司法試験の勉強をする人のほとんどは、いわゆる「予備校」を利用している。昔もいまも、変わらないだろう。

もちろん、どこまでさかのぼり、昔を定義するかで変わる。しかし、少なくともわたしが勉強をはじめた30年ほどまえとは、特に変わっていないと観察される。

原則としてロースクール（法科大学院）に通ってから司法試験を受けることになった新制度のもとでは、どうだろう?

学生をみていると、法曹志望者となれば、大学の学部2、3年生のころは、すでに司法試験の「予備校」を利用している人が多い印象だ。

税理士試験の場合でも同様だ。いまの税理士志望の学生は、大学院進学による科目免除制度を利用する人が多い。それでも会計科目（簿記論・財務諸表論）と選択した税法科目（1科目）の試験は、避けて通れない。こうして「大学」の学部時代から、税理士試験の「予備校」を利用する人が、ほとんどのようである。

このように昔もいまも、国家資格の取得を目指す学生の多くは、大学に通いながら、大学の授業でも勉強できる専門分野について、試験対策として「予備校」を利用する。

いわゆるダブルスクールである。

学問として講義がされる「大学」の授業と、特定の資格を取得するための試験とでは、対象範囲が同じでも、後者には「合格」するための受験技術的な部分があり、効率よく学習する方法が強く求められる点に違いがある。

もっとも、司法試験となると、少し違う面がある。

現在では、法科大学院（ロースクール）自体が、この試験の学校別の合格者数と合格率を毎年公表され、世間から比較検証の対象にされる状況になっているからだ。

実際、ロースクールでは、設立当初の理念の実現よりも、自校の学生を司法試験に合格させることを、圧倒的に優先していると観察される。その目的を達成するために授業が行われ、合格するための論文試験対策の勉強会なども行われる。

そうすると、現在の司法試験においては、法科大学院生（ロースクール生）は、実際には、大学生のような感覚でのダブルスクールをする時間はないと思われる。「予備校」を利用するとしても、補助的なものに過ぎないだろう。

この点で、司法試験の勉強は、ロースクールで足りるようにもみえる。

しかし、最近ではロースクールに入学すること自体が、難しくなりつつある。

特に、2024年（令和6年）に行われた関東圏の法科大学院の入試では、非常に厳しい結果が受験生につきつけられていた。

法曹志望者が多いゼミを大学の学部でもつわたしは、これをリアルに肌で感じた。

そうすると、法曹を目指す人は、司法試験を受けるために入学することが必要になる法科大学院の受験対策として、結局、「予備校」の利用が必要になるのかもしれない。

そればかりか、現実には並行して行われている難関の予備試験のための「予備校」利用者が、大学生には多い。年々増えているようにも思う。予備試験とは、合格すれば、法科大学院に入学しなくても、司法試験を受ける資格が得られる試験だ。

一方で、司法試験の合格率は40％を超える。1回目受験の合格者の割合も、8割を超える。この現状でも、司法試験の受験対策が「予備校」で必要なのだろうか？

これは、かなり疑問である。

そもそも、ロースクールでは、実務家教員を含んだ専門の教授陣が、手厚い指導をしてくれる。そのような体制のもとで教育され、実際に多くの学生が1回目の受験で合格する。これが、いまの司法試験だ。

それにもかかわらず、法曹志望者の「大学生」が「予備校」を利用するのは、試験科目の基礎をまとめて効率的に勉強する、パッケージが得られるからだろう。

実際、わたしも大学3年生から2年間、司法試験の「予備校」を利用した。

当時はかなり高い学費が必要だったが（両親には感謝である）、「大学」の授業にもあるはずの憲法、民法、刑法、商法、民事訴訟法などの受験科目について、「大学」の授業を受けるよりも、はるかに効率的に全体像が分かる講義だった。おかげで、それぞれの専門科目の基礎を学ぶことができた。

勉強の初期の段階で「予備校」を利用して、よかったと思っている。当時は分かりやすい本が少なかったから、「予備校」を利用しなければ、少なくともわたしには、司法試験の受験ができなかったと思う。

では、「予備校」を利用したら受かるかというと、そんなことは全然なかった。

2％しか合格できない司法試験は、甘くはなかった。そもそも受験生のほとんどが、「予備校」を利用していた。合格者の平均受験回数が6回程度あった試験では、「予備校」の利用自体が合格に結びつくはずもなかった。毎年大量に輩出される浪人者のほとんどが、「予備校」を利用していたからだ。

確率論の問題だけでない。司法試験の受験を通じて、気づいたこともあった。講義で教わる「予備校」利用の2年を終え（同時に「大学」を卒業し）、「予備校」の自習室で自分で勉強するようになってから、重要だと痛感したことだ。

それは、基本書と呼ばれる体系書や、判例百選の解説（判例評釈）を読むことなどが、極めて重要であるということである。

もちろん、時間内に合格点をとる必要がある「試験」では、基本書や判例評釈を読んでいればよいということには、まったくならない。

しかし、その分野の専門家である大学教授等が執筆した書物（文章）を読むことなしに、そもそも法曹になるための標準思考（基本思考）は身につかない。

ということが、あとからわかった。

「予備校」の講義は、基本書や判例評釈などに直接接することでは、自力で理解ができない初学者のための、「補習」に過ぎない。「補習」だけで本体がわかるようになることなど、あるはずがないのだ。

これに気づけるかどうかは、国家資格の試験（法曹志望者の場合、難化したロースクール入試も含んでよいだろう）の「合格」の確率に影響すると思う。

専門家であれば当然に職業上ひも解くことが必要になる基本書や判例評釈（さらには学術論文も含まれる）を、自分で読んで理解できなければ、その資格者として真っ当な専門業務はできない、という事実も厳然とある。

こう考えると、試験の対策をしているわけでもなく、「補習」対象者を相手にしているわけではないのが、「大学」の授業だ。その専門家から直接教わることができる点で、極めて良質な学習の機会になっているはずだ。

それを上手に利用できないのは、補習が必要なレベルにある（自分で教授が指摘する判例や論文などを読むことができない）場合に、本来は限られるように思う。

「予備校」を利用する大学生は、そこでの「補習」による基本知識の補充を前提に、「大学」の授業やゼミで、専門学習を存分にしておいた方がよいだろう。

しかし、試験の「合格」（行きたいロースクールへの進学も含む）にこだわると、本来必要かつ良質な情報を得る機会を、自らスルーしてしまうおそれがある。

「予備校」はあくまで、試験対策のためか、自分で読むだけでは理解できない「補習」が必要なレベルの人のためにある。

対象になる専門の軸は、専門家（大学教授等）が「大学」の授業等で行っている。

これがわかると合格は近くなり、活躍できる専門家になりやすくなるだろう。

11

テキストと基本書

——予備校のテキストに頼ることは何を意味するのか？

「テキスト」も「基本書」も、同じように感じられるかもしれない。ここにいう「テキスト」とは、予備校の作成した学習のための教材を指す。

これに対して「基本書」は、前節で述べたように、学術書としての体系書を指す。専門家がしっかりと論述した学生用の教科書という意味では、こちらも本来は「テキスト」と呼んでよいものだが、ここではあえて「基本書」と呼ぶ。

「基本書」は学術書であるが、学術論文ではない。

ある専門分野について、基本的な事項を専門的見地から網羅したものだが、その読者対象は本来は大学生だろう。

法曹を目指す者が通うことになる法科大学院（ロースクール）の学生、いわゆるロースクール生も、もちろん今日では教育対象になっている。

その意味では、税法でいえば、金子宏『租税法』（弘文堂）、谷口勢津夫『税法基本講義』（弘文堂）、佐藤英明『スタンダード所得税法』（弘文堂）、渡辺徹也『スタンダード法人税法』（弘文堂）、わたしの本でいえば、木山泰嗣『国税通則法の読み方』（弘文堂）などが、税法の体系書としての「基本書」の例にあたる。

司法試験予備校が受講生用に制作販売した「租税法」の「テキスト」は、あまり市場にないように観察される。が、予備校内で受講生にのみ頒布する「テキスト」はあるのではないかと推察される。

税理士試験だと、科目ごとにさまざまな「テキスト」が販売されているのだろう。わたしは税理士試験を受けたことがないので、税理士試験用の「テキスト」も読んだことがない。どんな種類があるのかも知らないが、こちらについては予備校製作に限らず、さまざまの「テキスト」が販売されているように、Amazonなどを眺めると感じる。

このような「テキスト」を作成している人は、体系書を執筆するような本来の専門家ではないだろう。つまりは大学教授などの、その分野の研究者ではないだろう。

では、どのようにそのコンテンツをつくるのか？

きっと、大学教授などの専門家が執筆したさまざまの体系書などを通覧しながら、それらの情報を整理する。

そして、初学者にわかるように、読み終わった結果を「ノート」のように作成して仕上げている。このように推測される。

そのような「ノート」の効能は、効率よく資格試験に必要な知識を入手できる点にある。一方で、そもそも専門家が執筆したものではないから、誤りがある可能性もある。その「テキスト」のなかで、学問の体系が整合していない可能性もある。

資格試験には、暗黙のうちに受験生に求められるその分野の「基本思考（共通思考）」がある。こうした共通する「基本思考」のみを分かりやすくまとめた体系書はあまりないという問題が、一方にある。

なぜなら、体系書は何かの試験に合格するために書かれたものではないからだ。また、学説の自由があり、その体系書の著者は、通説でないとしても、自身の体系をあらわすために体系書を書いている可能性もあるからである。

このような体系書、つまり「基本書」の数々をしっかりと読み込んでいくことが、本来の専門分野の学習には必要になる。いわゆる文献渉猟である。

しかし、受験知識がテクニカルに予備校によって整理されている今日の受験生は、このような本来すべきことを、全くしていない人がきっと多いだろう。

予備校に高い授業料を支払うことの意味は、ここにある。

自分で多くの「基本書」を買い集め、そして読み込み、そこにある共通思考としての基本思考を1冊のノートにまとめる。

などという膨大な時間とお金のかかる作業は、できるだけショートカットしたい。令和時代に流行っている用語を使えば、コスパであり、タイパである。

そのための「合理的な会費」を支払うのである。

大学受験はもちろん、高校受験、中学受験などでも同様だ。現代社会では、さまざまな受験について予備校がこうした情報を「ノート」化してくれており、対価としての「合理的な会費」を支払えば、これらの情報を得ることができる。

逆にいえば、自分で基本書を読み込んで「基本思考」を整理できる力のある人は、お金と時間をかける余裕さえあれば、本来自分で「ノート」をつくることが望ましい。

そのようにして、実際、専門家としての大学の教授たち(研究者)は、いまでも学生のころから指導教員はいても、予備校を使うことなく自分で普通に独学ができる人(独学をしてきた人)がほとんどである。

なので、大学の先生は「予備校」を好まない人が、昔から多いのである。好まない理由は、自分で文献渉猟と「ノート」化をすることができる能力があるからだ。その方が正確な知識も得られるため、そういう人にとっては予備校の「ノート」の間違いや不正確な記述が目についてしまう。

わたし自身は学生のころには、そのような能力を持ち得ていなかった。そのため司法試験予備校を利用して、法学の基本を学ぶことができた。

しかし、基本パックとしての2年間の受講をしたあとは、司法試験に合格するまでの3年半にわたる勉強期間中、予備校の答練や司法試験の過去問を解くアウトプットを中心に据えた。その復習として予備校の「テキスト」を中心に、自分でつくったものも含めて「ノート」化し、これらに情報を集約する書き込みをしていった。

いつでも読み返すことができるので、情報が一元化された「自分だけの受験グッズ」になった。問題を解くたびに、ここに書き込みをしていった。

その際に予備校の「テキスト」の記載の誤りや不足や不備も大量にみつかる。その都度自分で書き直したり、自分で作成した図を余白に書き込んだりしていった。

こうした作業をすることで、ある程度荒いものではあるが、「合理的な会費」を支払って得た予備校の「テキスト」をベースにしながら、さらに自分で調べたあとを正確化する、自分だけの「最強のノート」を仕上げていくことができた。

その過程では、購入した自宅にある「基本書」を読むようにしていた。予備校の答練の復習でも、過去問を解いたあとの復習でも、必ず基本書の該当箇所を開いた。

この繰り返しによって、アウトプットから入り、必要な情報を「正確な基本書」でたどるクセができた。しかし、受験のための勉強なので、受験に役立つように予備校の「テキスト」からノート化したものに、情報をどんどん集約していった。

このようなことを1日10時間以上、365日×3・5年やり続けた。

いまはそこまでやらなくても、司法試験には合格できる。

税理士試験は詳しくないが、税理士志望の学生の日常の言動をみている限り、予備校を活用すれば足りる「合理的な勉強方法」が、そこにあるように観察される。

しかし、忘れてはならないのは、予備校の「テキスト」はあくまで「ノート」であることだ。そして、資格試験に合格したあとは、もう誰もノートを提供してくれないということだ。

実務に必要な「ノート」は、自分でつくっていくほかない。

その際に自分で専門書を読むことができるのか。学術論文や判例や条文を読み込んで理解できるのか。税制調査会の答申や税制改正大綱を読んだり、改正法の新旧対象条文を自分で読んだりして、その内容を正確に理解できるのか。

正確に理解できない場合には、何を読んで何を調べたらよいのかがわかるのか。さまざまな資料を読み込んでもわからない場合、あるいはどこにどんな資料があるかわかりにくい場合、すぐに教えてもらえる身近な専門家がいるのか。

そうした課題が、予備校の「テキスト」だけを使って合格した人には、待っている。

であれば大学生も法科大学院生も、「基本書」をきちんと購入して読むべきだろう。この点で、税理士志望者の学生が大学院で税法論文を書くことには、じつは極めて大きな意味があることになる。

12

受講と自習

——講義を受けるのと自分で勉強するのはどちらがよいのか？

大学に入学して、最初に受けた「民法」の授業だった。当時わたしは19歳。満席の階段教室の演台から、白髪まじりの教授はこう言った。

「みなさん、大学の授業というのはね。ライティング・マシーンになることが必要なんですね」

ライティング・マシーンとは、とにかく授業で教授の話をすべてノートに書きとることだと理解した。いまの大学の授業のようにレジュメや教材が配布されるといったことがなかった時代だ。

スマホもないから録音しておけばよいともならない。その場で先生の口から放たれた言葉の1つひとつが大事だから、考えるまえにとにかく書き留める。理解はあとからでもよい。というか、あとでしっかりその書き留めた文章を読み直し、そこで理解を深める復習が前提とされていた。

といっても、全く初見の意味不明の言葉を書き留めることはできない。事前の予習が求められていた。大学に向かう電車のなかで、その日に予定されている箇所について、民法のテキスト（これは基本書）を読んで授業にのぞんだ。

それが当然だった。

これらを前提にした「ライティング・マシーン」になる。ライティング・マシーンも高性能なスペックの学生ほど、分かりやすいノートを生産する。こうして定期試験まえになると、高性能なライティング・マシーンになれたと思われる学生のノートのコピーが出回ることになる。

コピー機は大学にあったが、複写できるものが自宅にはなかった。長蛇の列に並ぶと、字がきれて薄くなりかけたコピーにコピーを重ねたあとがわかる、（印刷が不鮮明な）回ってきたコピーをコピーした。

コピーはしたが、よく意味がわからず、ほとんど役に立たなかった。

その先生は最初の授業で、もう1つ重要なことを述べた。

「法学の勉強っていうのはね。基本は自分でやるものなんだよ。わたしも含めて大学の教員の話なんてさ、みなさんの『自習』を助ける役割に過ぎないんだ。基本は自分で勉強する。それが法学の勉強なんだよね。大学とは、そういうところなんだ。だから、授業だけ受けていればいいかというと、そうではない。そのことをしっかり頭に入れて、この授業に食らいついてほしい」

どこまで正確かはわからないが、記憶として残っている現場の映像を再現すると、民法の先生はそうおっしゃった。

つまり、大学生以降の専門分野の勉強というのは、授業の「受講」を通じて教わる受け身のものでは、そもそもないということだ。

体系書を読んで、条文を読んで、判例を読んで、「自学」で理解をする。「自習」こそが、法学の勉強の基本ということになる。

これは、税法も同じだろう。

司法試験の科目にまだなかった「租税法」（税法と同義）の勉強は、学生時代にも受験時代にもしたことがなかった。

弁護士になってから実務上の必要性から「独学」で、案件の必要に応じて自分で学んできた。

自分で学んできた分野について、いまでは専門家となり大学で授業をしたり、研究者として論文を書いたり、一般書も専門書も含めて本を書いたりしている。

でも、それは人から教わったものではない。これが、自分のなかでは大きい。

もし、人から教わった分野だったとすれば、きっとわたしがその分野の先生になって人に教えるときは、教えてくれた先生の顔や声が浮かぶことになったのではないかと想像する。

そうなれば多かれ少なかれ、その先生の考えに影響を受けた授業をすることになるだろう。それが全く起きないわたしは、ある意味で幸運かもしれない。

大学の先生は、通常はもちろん大学院時代に指導教員がいる。学部の授業のときから、熱心にその教授の話を聞いて勉強してきたはずだ。

大学生のときは民事訴訟法のゼミに所属し、ゼミの先生の授業に心酔していた。そのときの授業の面白さのスタイルには、じつは影響を受けている。

ケースを中心に教える形式である。満員の大勢の学生がいる熱気を活用した授業をするスタイルでもあった。

そのようなスタイルの影響を受けていることは、間違いないと思う。

これは良い影響だと思うが、教える対象は「民事訴訟法」と「税法」では全然違う。税法を教えるときに、だれかの顔が浮かんだり声が聞こえてきたりすることは、全くない。

独学で突き進んできた「税法」の道は、いまももちろん途上だが、その熱を学生に伝えることができる。

これはどの分野の先生でも同じかもしれない。先生の顔が浮かんだり、声が聞こえてきたりすることがあったとしても、研究者は専門分野を、基本は自分で切り開いてきたはずだ。

このように「独学」の道を進むことが、専門分野の体得には重要になる。

弁護士も税理士も、どんな国家資格でも、取得後にやるべきことは一生これだろう。

仕事としての実務のスキルはもちろん、その専門分野の内容は日々進化するし、法改正がある。あたらしい判例も、登場し続ける。

それらを学び続けながら実務をする。それが弁護士であり、税理士であり、国家資格に基づく職業の仕事の基本だ。

このように考えると「自習」がすべての基本であり、「自習」できる人がその資格に基づく仕事を遂行できる人ということになる。

それなのに、その資格をとるための試験は、実際には車の運転免許の試験と違い、ほとんどの場合が競争試験になっている。その年の合格者の人数が、それぞれの試験で、あらかじめだいたい決められているからだ。

そうすると、その競争試験に合格することが第一となる。結果、受け身で人から教わる「受講」に時間を費やすことを、競って行うようになる。これは大学の授業でも予備校の授業でも同じである。

しかし、受け身の「受講」をいくら重ねても、能動的に学習する「自習」がなければ、本当の意味での知識は身につかない。受験に必要な基本思考（共通思考）すら身につかないだろう。

このように考えると、「自習」が法学の勉強のすべてであり、それを補助するために「受講」があるという考え方を述べた民法の先生は、正しかったことになる。実感をもってその意味を理解できたのは、だいぶあとの話だ。

13

インプットとアウトプット

――効果的な勉強はアウトプットから入るべき？

勉強というと、「インプット」に走る人がいる。そういう傾向は、大学受験などの入試のための受験勉強の経験によって起きがちな、1つの弊害なのかもしれない。

もちろん、いまではさまざまな入試形態がある。大学の指定校などの推薦入試の場合には、小論文や面接のみで終わるものもある。

しかし、高校の成績で一定以上の評点をとるためには、「インプット」の連続があったはずだ。

これが、資格試験になると、「インプット」だけでは乗り越えることができなくなるのが、通常だろう。

少なくとも、司法試験を「インプット」のみで乗り越えることは、100%無理だ。

答練という名前の答案練習会が重視されるのは（ロースクールでは勉強会と称して答案を添削してくれるかもしれない）、司法試験の論文試験である。

論文試験といっても、研究論文を書くわけではない。

試験の現場で初めてみる長文の事例を読んでから、指定された設問内容に答えるかたちで、文章で解答を作成する。「アウトプット」だ。これが、論文試験になる。

論文試験は、司法試験の天王山になる。

採点する側に膨大な負担がかかる形式であるにもかかわらず、ずっと実施されてきた。法曹という実務家に求められるのが、一般に文章作成になるからだ。

もっとも、とうの昔から世間の実務文章は、パソコンで作成されている。

わたしが弁護士になったときに手書きで裁判所に提出する書面を作成している弁護士は、所属した法律事務所には、もちろん1人もいなかった（20数年まえの司法修習生のころに、手書きで作成された準備書面を裁判所でみたことはあったが）。

であれば、司法試験の論文試験もパソコンで作成させればよい。ということで、ようやく日本でもパソコンでの作成が近く実現するとの新聞記事を、最近みた。アメリカや韓国では、すでに実施されているという。

いずれにしても、このように資格取得後の職業の実務に求められる能力が試される資格試験では、テキストや基本書を読んで概念や用語を覚えられたらOK、ということにはならない。「アウトプット」が重視されるからだ。

これが「インプット」だけでは合格できない試験の典型例である。

この本の読者は税理士の方や、税理士を目指す方、あるいは国税職員の方など、税法にたずさわる方が多いと思われる。

その税理士試験についていては、わたし自身の知識がないから、コメントをすることができない。もし、テキストや基本書を読んで暗記をすれば対応できる試験なのだとすれば、それは「インプット式の試験」ということになる。

「インプット式の試験」は、本節の冒頭で述べたように、一般には学校に入るための入学試験に多い方式である。これは教科書などに書いてあることをいかに正確に多く覚えているかという「記憶力」が問われる試験といえる。

法律家になるための司法試験では、「インプット」だけしていても択一試験（短答式試験）ですら歯が立たない（少なくとも、旧試験はそうだった）。

マークシート式で1つの正解を選ぶものでも、その設問に書かれた事例処理の知識が問われる。そのため事例式で演習を重ねておかないと点が取れないのだ。

このように考えると、「ケースで考えるタイプの授業」が有用になる。

それで、アメリカのロースクールでは「ケース・スタディ方式」が昔から採用されてきたと聞く。

これに習い、日本にロースクールができたときも、「ケース・スタディ」を取り入れようという機運が高まった。弘文堂のシリーズのように、その手のテキストも発売されている。

事例形式で考えることの効用は、法律知識を「使う」ことが求められる点にある。

条文に何と書いてあるかを覚えていたり、権利確定主義とは何をいうかを覚えていたりしても、目のまえの事例に取り組む力がなければ、事案の処理はできない。

その事案を処理するために、所得税法183条1項の規定の適用が問題になるとか、この300万円の報酬は令和6年分の「収入金額」になるかどうかが問題になる。だから、権利確定主義にいう「確定」があったといえるかを検討する。というように、適用される可能性がある条文を自分でみつけだし、そこに登場する論点を基本原則との関係で発見できる力が重要になる。

これがまさに法律実務といえるだろう。

司法試験は実務家登用の試験なので、問題に対する解答であるとはいえ、このような実務処理の能力を問うことを、従前から強く求める試験として発展してきた。

そのため、基本書であれテキストであれ、これを読んで「インプット」するだけでは、歯が立たないことになる。

では、どうすればよいか？

事例演習から入るのである。

短答式試験でも、論文試験でも、過去問という演習の格好の材料がある。

問題を解くことから始めるのだ。制限時間のなかで考え抜いて解答を選ぶ。あるいは論述する。

つまり、「アウトプット」から入る、ということだ。

そのあとに、復習として、該当箇所のテキストや基本書を読む。「アウトプット」のあとに「インプット」をするのである。

問題演習を中心にした、このような順番の勉強を繰り返し行っていくと、自然と事例処理ができるようになる。適用条文や論点も、発見しやすくなる。

いわば条件反射のように事例を読むだけで、適用を検討すべき条文や問題になる論点が浮かぶようになる。

こうした「問題発見力」を身につける勉強を軸に据えると、受験勉強のときから実務的な感覚が身につきやすくなる。

順番は「アウトプットからインプットへ」ということになる。

この順番が最適であるとわかれば、資格試験の勉強はぐんと伸びるだろう。

覚えたものを吐き出せばよい、という時代は終わった。

何が問題になるのかを自ら発見し、発見したら調べて、適切な処理をする。この「事案解決力」こそが、いま求められる技術になる。

といっても、試験問題では、教科書事例を全員に試すだけだから、現実にそこで事案を解決する必要はない。

となれば、その前提としての「問題発見力」が重要になる。その前提として「事案分析力」も重要になる。そして、文章を読んで事例を理解する読解力も重要になる。

このように、試験に求められる技術に名前をつけて分解していくと、その試験の先にある実務で通常必要な力がみえてくる。

わたしがこれを明確に解析できるのは司法試験に限られるが、それぞれの読者が受ける試験においては、このような発想で過去問分析をするとよいと思う。

14

過去問と模試

――合格するために絶対に解くべき問題は何か？

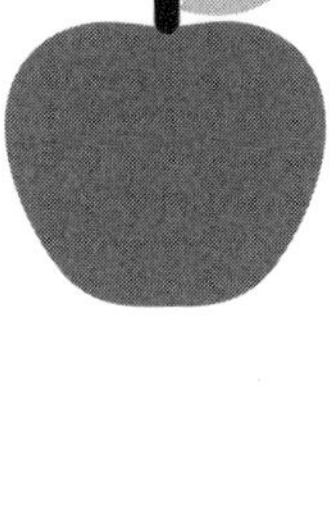

大学受験であれ、高校入試であれ、ロー入試（法科大学院の入学試験）であれ、いわゆる入試の対策として、最も重要なのは昔もいまも「過去問」の徹底研究だ。

団塊ジュニア世代は人口が突出して多く、（学区トップの）進学校ですら半分くらいは浪人があたりまえ。そういう時代に育った。

1年の浪人を経て2回目の大学受験をした際には、前年はほとんど研究しきれなかった各大学の各学部の「過去問」を繰り返し解いた。

大学は学部によっても、試験問題が違う。自分が受ける予定の大学の学部についての「赤本」を購入し、「過去問」に取り組んだ。

同じ学部なのに、受験する科目も「英語」「国語」「日本史」の同じ3科目なのに、大学によって出題される入試問題は全然違った。

一方で、「過去問」を繰り返し解くと、その大学のその学部の入試問題の形式は、毎年だいたい同じだった。年により少し傾向が変わることはあっても、特徴は一定していることがわかった。

逆にいえば、その大学のその学部で過去に出題された入試問題である「過去問」を解いておかなければ、受験対策はできていないことになる。

予備校で定期的に「模試」を受けて、志望大学・学部の合格可能性の判定を毎回もらっている。そうだとしても、予備校がつくった共通した問題のなかでの得点と相対的順位がわかるだけだ。

それは、自分が受ける予定の大学の学部で出題される問題の形式と特徴を備えた試験問題のもとでの結果ではない。

そのことを考えておかないと、受験で痛い目にあう。

旧司法試験は、さらに厳しい合格率（2％）だった。

しかも受験している人が東大法学部卒業生など含め、圧倒的な勉強エリートばかりだった。大学受験の一浪レベルではなく、6浪、7浪など普通にいて、10回以上受験している人すら珍しくなかった。そのなかでの、2％だった。

この試験を受験した20数年まえ、ほとんどの受験生は司法試験予備校を利用し、その答練を受け、「模試」を受けていた。そこでも、得点や合格可能性が一応わかるような順位などの情報は得られる。
が、こうした予備校の答練や「模試」で高い順位をとっても、司法試験には合格できない。そのことを知ったのが、3回目の受験だった。

前年の論文試験では、民法の2問中1問について事例を読み間違えてしまった。試験会場近くで予備校が無料配布していた解答速報を、論文試験の最終日の帰りの東横線のなかでみた。民法の1問は0点だとわかると、冷や汗が流れてきた。
100％終わった、と直観した。

ほかの科目は解答速報と同じ内容が書けていた。結果、民法のみ成績がG（最も低い順位）で、他の5科目はほとんどがAで、総合成績もA（あとちょっとでの不合格）だった。

問題文を読み間違えなければ合格だった試験に、もう1度トライした。今度は、本試験の直前の予備校の全国「模試」（論文試験の答練）では、全国6位くらいの好成績をおさめた。これで今年は、間違いなく合格できるだろうと思った。

しかし、結果は2年連続での総合Aによる不合格だった。

また、「あとちょっとでの不合格」になった。でも、この年は問題文の読み間違えはしていなかった。

前年は、問題文の読み間違えで民法の1問はおそらく0点だった。それでも、全体では「あとちょっとでの不合格」になった。

そこからさらに1年にわたる猛勉強をした。問題文の読み間違えも今度はしていない。それなのに、また不合格という。

内訳の結果通知が届くと、ショックはさらに広がった。

前年に民法以外でAの成績だった（高順位だった）他の科目も、のきなみCやDに下がっていたからである。トータルでは、また総合Aだった。

こんな試験を受けるのはやめよう、と思った。

どこを目指せばよいのかわからないし、不運のようなことが起き過ぎると思った。

不運とは、要約するとこうだった。

前年は、択一試験の当日に38度の熱が出てふらふらで受験した。そうしたら、近くでガス爆発が試験中に起きてしまう。ヘリコプターと消防車のサイレン音という騒音のなかで受験をした。

論文試験ではそれまで1度もなかった問題文の読み間違えが民法の1問で起きた。そして、この年は、そもそも択一試験の合格発表の前日の夜に5年ほど付き合っていた彼女にふられていた。以上。

そのように投げやりになるしかない結果を突きつけられた無職3年目の26歳のわたしが、もう1度司法試験に向き合い、翌年4回目の受験で合格できたのは、「過去問」と合格者の再現答案の徹底研究だった。

旧司法試験は、勉強エリートだらけの試験だったが、「過去問」と合格者の再現答案の徹底研究をしている人は意外と少なかった。

基本書を読めば、自分で法学を理解できるという猛者ばかりだったからだろう。

自分もそちら側の人間で、司法試験の直前の予備校の最終「模試」（最後の答練）で好成績をとっていたのに、本試験では2年連続総合Aの不合格になった。

研究してわかったことは、そもそも、司法試験の問題をつくっているのは専門家（その分野を専門にする学者、裁判官、検察官、弁護士）で構成される司法試験委員であること。つまり、出題傾向に特徴がある。

予備校では受験生や合格者がつくっている。問題の質が全然違うのだ。採点するのも受験生や合格者がバイトでやっている。司法試験では専門家の考査委員の先生が行う。みるポイントも深度も違うわけだ。

このギャップがあるため、予備校の「模試」はあくまでペースメーカーくらいに考え、実際の本試験で出題される（されてきた）「過去問」をあきるほど何度も解いた。きちんとした評価を経た合格者の再現答案もたくさん読み、その共通項を分析することも行った。

それをやったら、あっさりと合格できた。

２０２４年（令和６年）はロー入試が急激に難しくなったという、うわさを聞く。わたしのゼミ生で志望校に合格できた人の話を聞くと、自分の志望するロースクールの過去問を徹底研究していたようだ。弁護士などの合格者にも、しっかりと自分の書いた論文の添削指導も受けていたという。

「模試」とは便利なものだが、難しい試験になるほど、競争率が高い試験になるほど、「過去問」の徹底研究の方がはるかに重要になる。

それなのに、「過去問」ではない自分の買ってきた問題集や予備校のつくった参考書や演習問題にとりつかれてしまう人がいる。これでは、目標とする試験の合格に対する貪欲さが足りないと言われても仕方ないだろう。

お金は払っても、自分の人生を予備校に委ねてはいけない。

予備校は「合理的な会費」と割り切って、「情報を得るために利用する」ものだ。希望する結果を得るには、自分で情報を積極的に入手し、過去問を何度もまわす。これが王道だ。

痛い目にあってわたしは気づいたが、じつは賢い人はいまも昔も、最初からこのショートカットで進んでいる。

素直さに裏づけられた賢さがないと、競争率の高い試験では敗れる危険が高まる。受験を考えている人は、肝に銘じたい。

15

誤答と正答

——マークシート試験で得点力をアップさせる方法とは？

マークシート試験のように、たとえば、5つの選択肢のうち、1〜5のどれか1つが「正答」で、他の4つは「誤答」というタイプの問題がある。受験生が多い試験ほど、採点の事務作業の負担を回避するために導入される例が、わたしが学生のころから多かった。

機械で採点できるというメリット以外にも、この手の「『正答』が1つのみタイプの試験」には、意味がある。採点する人によって点数が変わることが起きないからだ。採点者の主観が一切入らないので、「徹底された公平性」が実現できる。

これが論文試験のような文章で解答するタイプの試験になると、配点決めや採点基準等による縛りを採点者に課すことが求められる。さらに、複数名の採点を平均するなどの方法がとられるのが、一般的であろう。

こうして「できる限りの公平性」を担保しなければならなくなるのが、論文や小論文の試験ということになる。しかし、当然ながら限界もある。微差による運不運は、どの人に採点されたかによって生じる可能性もある。

そういう試験では逆に、「どんな採点者にあたっても確実に評価される答案」を目指すことが必要になる。

本節で取り上げたいのは、前者の方式の試験の対策である。つまり、「徹底された公平性」が実現されている、「『正答』が1つのみタイプの試験」の場合だ。

このようなタイプの過去問を繰り返し解く場合に、受験生が陥りがちなワナがある。それは何か？

自分が過去問を解いて、答えとして選んだ選択肢が「正答」に合致していれば、「できている」と評価してしまう。そういう、ワナである。

わたしもこのワナにはまり、1回目の司法試験受験では、マークシート式の択一試験（短答式試験）で不合格になった。

もちろん、当時は（過去にこの試験に合格した経験のあるベテラン受験生だらけの競争のなかで）、2割弱しか合格できないという、「きわめて厳しい試験」だった。いまの司法試験の短答式試験とは、全然レベルが違う。

そのような「きわめて厳しい試験」だったからこそ、あと1点（だったか2点だったかは忘れた）での不合格になったのであり、合格率がもっと高い試験だったら、そもそも1回目の受験で、択一試験に普通に合格していたであろう。

でも、そのような「きわめて厳しい試験」だったからこそ、あと1点（または2点）での不合格によって、学ぶべき環境が24歳のわたしに与えられた。

3科目（憲法、民法、刑法）の試験のうち特に点のとれなかった科目が、民法だった。そこで、民法の択一試験の過去問は、毎日解くことにした。


「これを克服しない限り、永久に択一試験で落ちる」と、自覚したからだ。

というのも、初めて受験したこの択一試験の3か月ほどまえから毎週行われていた模試では、どんなによくできたときでも、いつも「あと1点またはあと2点」だった。

つまり、実力どおりの結果が、本番にも出たに過ぎなかったのである。

こうして、わたしが翌年の2回目受験までに行った勉強は、民法の択一試験の過去問を繰り返し、毎日解き続けることだった。


過去問をまわすにあたっては、次の5点を重視した。

1点目。実際の本試験よりも、短い制限時間で解く。

2点目。解き終えたあとの復習では、自分の選んだ選択肢が「正答」であったとしても、理由も含めてあっていたかまで検証する。

3点目。短い制限時間のなかで過去問を解くときは、消去法でも解答を出せれば、それ以上は検討せずに次の問題にいくが、復習では、消去法などを使ってきちんとみていなかった選択肢の内容についても、正確な理解ができているかを点検する。

4点目。「正答」であっても、理由の間違いや、よくみていなかった選択肢に不正確な理解があった場合でも、「間違い問題ファイル」に入れる。

5点目。こうしてファイリングされた（択一試験の過去問は1問ごとに問題集から切り取って管理し、左側にパンチで2穴を空けていた）「間違い問題ファイル」にたまった問題を繰り返し解く。

この5点を、1年間徹底した。こうして苦手だった民法の択一試験の過去問分析は、完璧に行うことができた。

最後は、「間違い問題ファイル」に「間違い問題」が1枚もなくなるまで解いた。それぞれの問題には小さく「◎」「○」「×」「△」などの記号をつけた（◎は理由も含めた正答、○は正答だが理由には曖昧さや不正確な理解が残るもの、×は「誤答」、

△は正答したが理由が間違っていたもの―だったと思う)。

その数は、最初から「◎」がつかなかった問題では、1問について軽く10個以上になった。

それくらいの回数と内容のチェックまでした結果、翌年の2回目受験では、択一試験に初めて合格することができた。対策が功を奏し、民法は満点(予備校の解答速報で解答が割れた1問が正答の場合)だった。

もっとも、この択一試験は、朝から38度の熱が出てしまい、体調不良のフラフラで受けた。

そのような状態のところに、受験途中からヘリコプターの旋回音と、けたたましい消防車のサイレンで騒音が始まる。過去問の傾向と異なり、この年に突然難化した(当時受験界で話題を呼んだ)刑法のパズル問題を、二重苦のなかで受けることになった。

試験が終わり、刑法が絶望的に難しく、体調不良(体は寒気でゾクゾク)、さらにはよくわからない会場の騒音という「不運」に遭遇し、「自分は道を誤ったのではないか」と、ショックを受けた。

帰宅すると、自宅の郵便ポストに入っていた新聞の夕刊の1面をみて、受験会場の近くでガス爆発が起きていたことを知った。

「もう終わった」と、ベッドに入りこんだ。それでもあたまは覚醒して眠ることができないまま、明け方を迎えた。

急に「自己採点はしておくか」と思い立ち、ベッドから起き上がった。

震える手で、予備校の解答速報に照らし、全60問のマークシートで実施された択一試験の自己採点を始めた。憲法、民法、刑法の順番で20問ずつある。民法の採点をし始めると、途中から、あふれる涙を抑えられなくなった。

○→○→○→○→○→○→○→○

と、前年、全然できなかった民法の20問のすべてが「○」（正答）だったのだ。難しすぎた刑法では「×」もそれなりにあったが、予備校が速報値として出した「合格推定点」はトータルで大きく超えた。

ここまでしてようやく受かる試験は、いまはないだろう。

いまは少子化とあいまって、さまざまゆるくなり、やさしくなっている。

それでも、厳しい結果がつきつけられた場合、この本に書いてあるような「本来の入試の王道」をとれていたのか、自問自答してみるとよい。

司法試験であれ、税理士試験であれ、国税専門官などの公務員試験であれ、職業に結びつくための資格を得るための試験には、必ず競争が起きる。

問われる能力は、過去問でわかる。

マークシート式の試験の過去問を解いたときの「正答」と「誤答」は、たまたま合っていたものが「正答」なのではない。

それを「誤答」と評価できる厳しさが、自分の能力を高めることにつながる。結果、合格への近道になるだろう。

16

選択と集中

――長期間にわたり勉強をする有効な時間の使い方とは？

将来の夢をかなえるために、資格試験の勉強をする。

このような道を歩むことを決めた受験生は、どのように勉強に「集中」できるかが、日々の作業としては重要になるだろう。

それでもただガムシャラに時間をかけて勉強をしさえすればよいかというと、そうではない。

その試験には、求められている「基本思考（標準思考）」がある。何が求められているかを解析しなければ、結果は得にくくなる。

その方策として「過去問」を徹底研究することが重要になることは、すでに述べた。徹底研究といっても、制限時間より少し短めの設定をして、タイムプレッシャーのなかでまずは解いてみる。

そして、解いたあとに、本当の勉強が始まる。これが「アウトプット先行型」で行う、いわば「後発型のインプット」だ。これも述べた。

本書の冒頭で「正しい勉強法」があることも説いたが、まとめるとだいたいこのプロセスをとることになるだろう。

そこまでのプロセスが的確に行われていることを前提に、やるべき勉強に「集中」することが重要になる。

もともと集中力のある人もいれば、集中力のない人もいる。

性格によるところもあるかもしれないが、大事なことは『集中』できる環境」を整えることだろう。

わたしが大学で教えるようになって初期のころ。あるゼミ生が、大学3年生も終わる春休みになって、「国税専門官」になることを決めた。

カフェでその報告を聞いたときには、急な選択で大丈夫なのだろうかと心配になった。さまざまな角度から質問をしてみたが、彼女の意思は、とても固いことがわかった。

他の公務員試験も受けないし、民間企業の就職もしないという。保険をかけない、リスクのある道の選択だった。そして、「もしダメだったら、来年もう1度受けます」と彼女は断言した。

その後、インスタなどのSNSもすべて絶ったその学生は、数か月の勉強で試験に合格した。いまでも国税専門官として税務署で働き、活躍している。

国税専門官の試験を受ける学生は、その後も大学のゼミで何人かみてきた。彼女のように国税専門官の試験のみを受けた人は、あとに1人もいない。

4人のゼミ卒業生が国税専門官として働いているが、不合格になった学生も数名いた。

原因はわからないが、国税専門官になる意思が固い人でも、保険が多い学生は意外と受からなかった印象がある。ただし、他の公務員試験との併願をしており、国税専門官が明らかにすべり止めになっていた人は、普通に合格をしていた。

これは自分のゼミ生の受験状況と結果を、外から観察した特定少数の主観的な観測データに過ぎない。

とはいえ、試験勉強で大事なことが、「選択」と「集中」であることは間違いないだろう。日常生活に欠かせない令和時代に、スマホ断ちは難しいかもしれない。インスタやX（旧ツイッター）などのSNSは断てたとしても、人との連絡に使うLINEなどをみないという「選択」は、さすがに難しいように思う。

わたしが司法試験を受けていたころは、携帯電話を持っていない人も、まだ普通にいた。メール機能のなかったＰＨＳの電源は、基本切ったままで勉強していた。メールは来ないが、重要な用件なら留守電にメッセージが残されるのが当時は一般的だったから、何も困ることなくＰＨＳを切って勉強に集中できた。

一方で、「集中」を持続するためには、「分散」時間も重要になるだろう。「分散」とは、休憩の時間だ。人間は24時間集中し続けることはできないし、起きている時間だけでみても、全時間に集中することもできないからである。

そうすると、上手に「勉強に『集中』する時間」と、「そうでない『分散』の時間」をつくることが鍵になる。

逆にいえば、「集中」が上手な人は、「分散」も上手のはずだ。

そして、「分散」から「集中」にシフトする際、何らかの「選択」が行われているのが通常だろう。

そうすると、何を「選択」して、どのように「分散」して、勉強に「集中」する環境を確保していくかが重要になる。その方法は、人それぞれだと思う。

ヒントの1つを言えば、過去問を解いている時間は、設定した制限時間内に解き終わるまで、途中で他のことをしないことだろう。

集中するのが得意な人は、そんなことをアドバイスされたら、当たりまえすぎると思うかもしれない。わたしにとっても、当たりまえすぎることだ。「集中」できない人をみていると、こういう部分から「分散」が始まっているように観察される。

そして、「集中」するまえに、そもそも何をどのように勉強するかの「選択」も適切にされていないようにみえる。

「どうやって勉強したらよいのか、わからないです」という人は「選択」と「集中」の技法と、「集中」すべき時間に「分散」をしない習慣を、身につけるとよい。

わたしは本節のこの原稿を書くまえに、今日は年末の日曜日なのだが、お笑いの『M―1グランプリ』（ABCテレビ。テレビ朝日系列。以下「M1《エムワン》」）の決勝をみていた。我が家では、年末の1大イベントなので、この時間には（自宅でする）仕事は入れないし、SNSもLINEもしない。

そのためにM1の番組が始まるまえに、3本の原稿を2時間で書いた。M1が始まる18時30分にちょうどそれらの原稿を終え、M1を集中してみた。そしてM1が終わったので、いまこの原稿を書いている。

よく学生や仕事関係の人から、「木山先生は何人いるのですか？」と聞かれる。「大学の仕事だけでも3人くらいいそうなのに、本も読んで、原稿を書いて、ドラマもみて、野球もみて、いったい何人いるんですか？」と問われる。

これらも、「選択」と「集中」により成り立つものといえるだろう。睡眠時間を削るという人も、仕事人間にはみられるが、わたしはそうしたことをしない。

人生は長くあるはずだ。長いスパンでみて成長し続けること、仕事の成果を上げ続けること、そして自分自身の人生も充実させることが大事だ。そして、これらをずっと成し遂げていくためには、睡眠時間は必要不可欠だと思う。

といっても、学生のころや若いころに比べると、ほどよい睡眠時間は確実に短くなった。ありがたいことだが、若い人がまねする必要はない。

年を重ねれば多くの人は、いまより睡眠時間が少なくても、特に支障の起きない毎日になるのだから。

17

基本と応用

――どんなに難関の試験でも大事なのは基本なのか？

勉強をするにあたって、最も重要な対象事項は何か？

それは、通常は、「基本」事項になる。

「基本」の反対概念は、ここでは「応用」になる。「応用」問題が解けると加点もされ、すごいという印象があるかもしれない。


しかし、競争があって一定のラインで合格が線引きされる試験でも、だいたい「基本」事項が確実にできれば、合格点に達するようになっている。


これは経験からも、断言できる。まずは、司法試験の択一試験について。

すでに述べたように、1回目の受験ではあと1点（ないし2点）で不合格になった。

そして、本試験のまえに3か月にわたり毎週受けていた模試でも、どんなによいときでも、あと1点（ないし2点）だったということも述べた。

模試のよいところは（入試の模試でも同様にいえるだろう）、「問題ごとの正答率」が出る点にある。

この正答率が極めて重要だ。多くの人ができる問題を落とすとダメージが大きいが、多くの人ができていない問題を落としても、差をつけられることはない。

この観点から考えると、1問でも正答率が70％以上の問題を間違えていた場合は、「要注意」になる。その問題は、「要復習」ということになるだろう。

7割以上の人が正答した問題を落とすことは、3割の人しか正答していない問題をとっても中和されない、ダメージになるからだ。

そもそも正答率が低い問題は、みんなできない。だから解けなくても、合否に通常は影響が起きない。たとえば、3割以下の正答率の問題など、7割の受験生はできていないことになるが、その試験の合格率は何パーセントだろう？。

2割しか受からなかった当時の司法試験の択一試験でも、模試の正答率が7割以上の問題がとれていれば、基本は合格推定点になるようになっていた。

逆に正答率が70％以上の問題を1問でも落とすと、かなりきつかった。

それくらい、基本問題は、確実に得点をとらないといけない。

話を戻すと、実際、わたしが1回目で不合格になった択一試験の模試だが、毎回正答率が7割以上のものを数問落としていた。こうしたチェックはしていた。

そして、翌年の2回目のチャレンジのときには、「間違い問題ファイル」をつくるなど、過去問を徹底したことは前述した。

加えて、受験生全体のなかでどれくらいの順位にいるのかなどが客観的にわかる予備校の模試では、復習をする際、正答率が7割以上のもので落とした問題を徹底して復習することにしていた。逆に、正答率が7割を下回るものはさらっと復習はするけど、それ以上は深入りしないようにもしていた。

司法試験考査委員がつくるわけでもない予備校の問題で、多くの人が正答できなかったものには付き合う必要はないと、判断したからである。

予備校の模試でも正答率が7割以上の問題で間違えた場合は、模試版の「間違い問題ファイル」に入れて、繰り返し正答できるまで解いた。

これらができると、得点は大きく伸びた。

模試でも、2回目受験のときは、1回目受験のときには1度もとれなかった「合格推定点」が普通にとれるようになった。その復習でも、正答率7割以上のものに重点を置き、徹底して復習した。

実際のところ、合格推定点を超えていても、正答率7割以上のものを落とすことはあった。本試験ではしゃれにならないから、「要注意・要復習」と心掛けた。

その結果、前述のように、2回目の択一試験では、発熱や試験会場でのアクシデントにもかかわらず、合格点をはるかに上回る得点で合格することができた。

このように、数字で分析することも可能な「基本」事項は、とにかく徹底して正確に理解しておくことが必要になる。

受験生は、受験科目の知識について、それが「基本」事項であれば、曖昧さは絶対に残してはいけない。「基本」は、それくらい重要である。

これに対して、「応用」事項については、その場で「基本」を軸にしながら考えて解けばよいと、割り切ることが必要になる。

特に、司法試験のような法律科目の受験では、最新の判例や、最近の学界での注目論文など、受験生の多くがテキストでも触れることのできない「あたらしい問題」から出題されることがある。

ベテラン受験生は、旧司法試験では、「基本」に飽き飽きし、こういうところまで手を出して勉強していたようだ。

そんなことには手がまわらない若い受験生に、「基本」で負けて不合格になってしまう。そういうことが、2%しか合格できない旧司法試験でも、普通に起きていた。

こうして、択一試験に合格したあと、合計3回受けることになった司法試験の天王山である「論文試験」でも、最後の年は「基本」を徹底した。「応用」は流す手法で、勉強の軸を「基本」に据えた。

苦労の末に受かった受験友達2人からのアドバイスが、そこにはあった。

「とにかく、『基本』を大切にすることだよ」「『基本』事項を丁寧に正確に記載するんだ」と、4回、5回と苦労の末に合格した受験友達が教えてくれた。

本当にそうなのかと、最後の1年は、合格者の再現答案の徹底分析もした。合格者の再現答案は、いっけんするとバラバラのようにみえた。誤りがあったり漏れがあったり、いいかげんな答案も多かった。

一方で共通していることは、「『基本』事項を丁寧に書いている」ことだった。

『基本』部分に配点がある。だからそこを丁寧に書かないと、論文試験では点がつかないんだ。『応用』問題では逆に、さらりとその場で考えたことを短く処理すれば十分だよ」

そんなアドバイスをもらっても、半信半疑だった。が、再現答案の分析と合格体験記の読み込みなどから、合格者に共通の事項であるとわかってきた。

こうして、「基本」をとにかく正確に徹底して勉強すること、逆に「応用」はさらりと流すこと、という3回目受験までとは異なる思考で勉強をしたら、4回目受験では簡単に合格することができた。

実際のところ、「応用」問題にばかり目がいく人は、たいてい「基本」が正確ではないという問題がある。

本人は何度もまわしているから、「基本」には飽きている。だが、「基本」をまわしたことがあるだけで、人に丁寧に説明できるほどに、じつは正確な理解ができているわけではない。そこに本人が気づけるか。

「基本」がわかっているかを、チェックする方法がある。何もみないで、その場で説明できるかをやってみるのだ。言葉につまるようでは、正確な理解をしているとはいえない。

歩いているときや、トイレなどの休憩時間を活用して、心のなかでつぶやきながら試してみるとよい。

「あれ？」となったところは、「要注意・要確認」となる。

これもアウトプットから入る勉強法の1つだ。

丸暗記したものは、直前にノートなどをみていないと出てこない。しかし、正確に深く理解したものは、いつ問われてもすらすらと説明できるようになる。

「基本」と「応用」を使い分ける。大事なのは「基本」。この視点が受験では重要だ。「基本」がわかる人は、「応用」すべき場面でも、「基本」を使って考えることができる。この話は、受験に限られない。長年にわたり、仕事でも「応用」可能だ。

18

原則と例外

――思考力の基本はどのような場面に現れるのか？

基本と応用を使い分ける視点をもって勉強をしていく。そうすると、特に司法試験の論文試験では、答案に書くべき内容のうち、どの部分が「基本」で、どの部分が「応用」であるかを、答案構成の段階で考えることが自然と求められる。

基本部分にはしっかりとした配点があるので、丁寧に記載をする。応用部分については端的に処理することが必要なので、短くまとめる思考を働かせる。

こうした方針で、論文試験の答案を文章で書く。「メリハリの視点」だ。

同時に、書いている文章のブロックごとに「何を書いているのか」、もっといえば、「採点者に何をアピールしているのか」まで意識をし尽くす。司法試験の受験生だったわたしは、最後の1年の勉強でようやく、そのことを悟った。

点数で評価をされる答案としての文章を作成する場合、その文章の一つひとつに、答案作成者自身が意味をこめていることが重要になる。

論文試験の答案は「基本」が重要といったが、もう1つ重要な採点項目がある。それは、基本的な知識をベースにした「法的思考力」である。

法的思考力とは、ひとことでいえば「法的三段論法」などに代表される、法律家が日常的に実務で使う「独特な思考形態」だ。

法学を学ぶ者であれば、裁判官の書く判決が「法解釈」と「事実認定」と両者の「あてはめ」という3ステップで成り立っていることを知っている。

この3ステップを「法的三段論法」という。これを使えることを1通の答案で必ず表現するように意識すると、論文試験の合格は容易になる。

「法的三段論法」を中心とした「法的思考力」があるかどうかが、論文試験の採点ではチェックされているからだ。いまの制度になってから、法務省ホームページの司法試験のページの「出題趣旨」や「採点実感」に明確に記載されている。

法的思考力は、別の言葉を使うと「論理」といえる。

3回目の受験に敗れ、「あとちょっと」で2年連続で不合格となってしまった2000年の秋。自分を見失いそうになりもしたが、前述したように、苦労した末に合格した受験仲間2人からもらった助言で、勉強の指針を間違えていたことに気づいた。

「正しい勉強法」ではなかったのだから、あとちょっとまでは2年連続でいっても、このやり方では、来年も「あとちょっとの不合格」になると理解できた。

「間違えていた勉強の方針」に気づき、それを大胆に修正できる力が、26歳のわたしにも、まだかろうじて残っていた。しかし、それを教えてくれたのは2人の先に合格した受験仲間だった。

2人は、別々の機会に、こう言った。「自分も勉強法を間違えていた。このままいけば永久に不合格になり続ける。1年前にそう思って、勉強の仕方を変えたんだ」

どう変えたのかと聞いてみると、1つは「基本を丁寧に正確に書くこと」、もう1つは「論理」を丁寧にみせることだった。

論理とは、辞書的には、物事の筋道のことだ。

司法試験の論文試験では、結論自体に正解がない。刑法で、甲の罪責を問われる問題で、「殺人罪が成立する」と解答してもよいし、「殺人罪は成立せず、殺人未遂罪が成立する」と書いてもよい。「傷害致死罪が成立する」と書いても、「正当防衛が成立する」と書いても問題はない。どの結論でも、合格はできる。

事例問題を読んで、その事例を解決するにあたり、自分で選択したその法律の条文の文言を「法解釈」して、事例に適用するための「規範」を立てる。そうしたら、問題文に記載された「事実」に「あてはめ」をする。このプロセスから、結論を導く。

この論じ方に筋が通っていれば、「論理」に点数がつく。

逆に、どのような結論を導いたとしても、その「論理」の筋道を文章で明確に示すことができないと、「論理」の点数はつかない。

これでは、いくら「基本」知識を丁寧に記載しても、不合格になってしまう。逆に、「基本」と「論理」という2つを、答案に載せれば合格できる。

このことを、2人の受験仲間から別々の機会に教わった。少なくとも2人の合格者が全く同じことを言っているのだから、それに乗ろうと考えた。

その裏付けは、自分でとった。

合格者の再現答案の徹底分析と、合格体験記の読み込みなどから、しっかり1年かけて検証した。それで確かであるとわかった。合格体験記については、さまざまな出版社から発売されているものを、それぞれ過去4、5年分くらいを買い集めた。共通項を探して、ノートにまとめた。

その「まとめノート」を、折に触れてみていた。合格するための「正しい方法」をあたまにたたきこむためである。

このテクニックは、受験を終えても、そのまま仕事に活用できる。実務家になるための試験だから、実務に使う能力を試すのも当然といえよう。法科大学院で「法律文章の書き方」を教える機会を、15年ほど与えられている。司法試験に合格したときに得た確信は、その後20年以上たって、実務や学問の世界を経験して、より強固なものになった。

専門家は、正確に鍛え上げた「基本」をすべての問題解決の下地にしている。そして、これまでぶつかったことのない事例や、考えたことのない事案であっても、「基本」を下地にしながら、その分野に独特な「論理」を思考の軸にすることで、解決への筋道を示す。

こうした「論理」を使うにあたり、極めて重要な視点が「原則」と「例外」だ。

法学では、「『原則』はこうだけど、『例外』的にこうなる」という説明をする。その「原則」がどの体系書や入門書にも記載されている、その分野の重要な「原理原則」として勉強対象になっている。

「原則」は、「例外」よりはるかに強い。

そのため「例外」が許容されるためには、「例外」を認める「必要性」と、原則を打ち破ってもよい「許容性」が求められる。

司法試験の答案には、「原則」という言葉を使ったら、ほぼ間違いなく「例外」という言葉も用いることになる。その際には、「必要性」と「許容性」の観点から、例外が認められるための「規範」を定立する。

これらが文章でしっかり書けることが、「論理」の力である。忘れないようにしたいのは、こうしたキーワードを答案にきちんと載せることである。

内容としては「原則」のことが書かれていたとしても、そして次に「例外」のことが書かれていたとしても、その答案のなかで「原則」と「例外」という言葉の双方が明示されていなければ、これを明示した答案に、点数で負けてしまう。

わたしも当初は、「そんなくだらないことを……」という思考をもっていた。それが、不合格だった受験3回目までのわたしだった。この考えを改めるには、本書で繰り返し述べた数々の挫折が必要だった。

大学卒業したての20代だったころのわたしは、いま思えば相当に「頑固」だった。ところが、その頑固さを貫けば、試験には受からない。

結果、試験に受かるためには、「素直」になることが必要だと気づかされた。

飽き飽きしていた法学（司法試験科目）の勉強をもう1度、フレッシュな気持ちで、基本からやり直した。

すでに知識量としての実力では、ベテラン受験生の域に達していたが、それでもバカ正直に「基本」と「論理」を示すことを、強く意識した。

そうしないと、また「あとちょっとの不合格」になると思ったからだ。

こうしたプロセスを経て合格した経験は、わたしの大きな財産になった。

弁護士も税法学者も、同じように「基本」と「論理」で日々思考をめぐらし、実務に取り組み、教育や研究をする職業だからである。

19

黙読と音読
――勉強で力をつけるためには読む方法を意識するとよい？

『税法勉強術』ということで、これまで資格試験などの受験に合格するための「勉強法」をメインに書いてきた。ここで、物事を学ぶ「基本的な方法」についても触れておこう。

大学1年生の最初の民法の授業で、大教室の演台から教授が述べた1つは、「ライティング・マシーン」になることだった。これは「書く」ということだが、書く必要があるのは、教授が講義を目のまえでしているからだ。

この場面では、リアルなトークが音として耳に入ってくる。それを忘れないようにノートに書きとる。そのことに、90分の1コマを集中する。というのが、人間なのに「書く機械」になってしまう「ライティング・マシーン論」だった。

現代社会では、スマホで録音ができる。そればかりか、音声をAIが言語化してくれる機能もスマホにある時代だ。人間が無理して、なれもしない「機械」になる必要はなくなったのかもしれない。

「書く」ことは、アウトプットだ。先行したアウトプットのあとに重要なのが、体系書などを「読む」というインプットの時間だった。

このインプットだが、黙って目で本の文字を追うのがよいのだろうか？　それとも、教壇からマイクで話す教授のように、声に出して読む方がよいのだろうか？

本節では「黙読」と「音読」という、書物を読む際の方法論を述べる。

弁護士に成りたてのころ、「ある著者」の本に熱中していた。

いまでは人気バラエティ番組『全力！脱力タイムズ』（フジテレビ）にも出演している、明治大学の教授だ。

齋藤孝先生は、『声に出して読みたい日本語』（草思社、２００１年）が有名だが、わたしが子どものころからずっと行ってきた勉強法も、じつは「音読」である。

「音読」を最初に自発的に勉強にとり入れたのは、小学校６年生の２学期だった。

ファミコンのやりすぎで、１学期の成績ががくんと落ちてしまった。

５段階評価だったのだが、主要４科目（国語、算数、理科、社会）で初めて「３」をとってしまう。「３」がついたのは、算数だった。父親からかなり厳しく叱られて、２学期になんとか成績を挽回しなければ、という状態に追い込まれた。

学校のテストまえに、対策としての勉強をしたことなどなかったのだが、成績を上げるために自発的に行うことにした。

そのときに採用したのが、あいまいなものをなくすことだった。

あいまいなものがあると、テストのときに「あれ、どっちだっけ?」と悩むことになる。悩みはじめると、どちらを選べばよいかの2択で時間を浪費する。

制限時間のあるテストのなかでは、異様に追い込まれ、他の問題にも影響する。精神的にもよろしくない。冷や汗がテスト中に出るだけではない。2択の1つが正解するかどうかという、そのときの運だけで決まる結果になる。これでは、安定した点数がとれなくなる。

これを克服しようと思い、いままで面倒がってやっていなかった「テスト勉強」を生まれて初めてすることにした。

そのときに使ったのが「音読」だった。

といっても、教科書に書いてあることを「声に出して読む」わけではない。そうではなく、小学6年生のときにやったのは、あいまいなもの（似たような用語や言葉）を、紙に書いて明確に整理することだった。紙をみないでそれを言えるかを、寝るまえに確認するのだ。そのためにノートを開くのは面倒だったので、自分の部屋の壁に紙を貼った。

さまざまな科目の紙だらけに、次第に部屋の壁が埋まっていった。これが功を奏して、6年生の2学期のテストはほとんどが100点になり、成績も大幅に上がった。算数は「3」から「5」に上がり、終業式で成績表を渡されるときに、担任の先生から「今学期1番がんばったのは、木山君です」とまで言われた。

この勉強法を地元の公立中学校に進んだあとにも活用したら、中学時代の成績は苦手だった体育の「3」以外は、ほぼ「5」をとることができた。

こうして進むことができた、父親の母校と同じ学区1番の進学校（県立高校）では、反動から勉強する意欲をなくし、同居していた父方の祖母から高校の入学祝いに買ってもらった、10万円以上したヤマハのキーボードにはまる。毎日のように作詞作曲ばかりして、大学受験には失敗した（受けた3校とも不合格になった）。

ここからもう1度、勉強に目覚めた。

大学受験のための浪人時代の1年間は、情報量が多いので壁に貼る紙では間に合わなかった。科目ごとにノートをつくり、そこに書いたものを寝るまえに言えるかどうか、毎晩チェックした。

これが功を奏して、日本史の偏差値は75近くになった。

英語では、単語も英語の長文も毎日テキストを部屋で音読していたら、こちらも得意科目になった。3科目（英語、国語、日本史）の偏差値は安定して70以上をキープできるようになり、当時私立の法学部で偏差値が最も高かった（と記憶している）上智大学法学部に合格できた。

大学に入ってからは法学科目の勉強のコツがわからず、パッとしなかったが、第二外国語のスペイン語では、「音読」の勉強法がはまった。授業のあった1年生から2年生までの2年間、軽くテキストとノートを見返すときに「音読」を行った。それだけで100点満点のテストで、毎回90点以上をとれた。

情報量が多すぎて、何をどう勉強したらよいかわからなかった法学に目覚めるのは、まだ先のこと。

1年生で憲法（必修科目）の単位を落とし、2年生では民法（債権各論）の単位を落とすという、成績不良児のような経験をした。そのあと大学3年生の4月から、司法試験の予備校に通い始めた。ここからである。

とてもわかりやすい授業で「これらなら自分にもできるかも！」と思わせてくれる、夢のような授業を講師の先生が行ってくれた。こうして、いまでもあるLECを利用していたわたしは、情報量が多い司法試験の勉強でも「音読」を活用した。

「音読」は、家で勉強するときしかできない。自分の部屋にいるときに論点の論証を口に出し、音読することで身体全体に法学の論証をなじませた。部屋の机で勉強するのに疲れたら、アームチェアに座りリラックスした状態で、今度は六法の条文を1条から順番に「音読」した。

こういう生活を司法試験に最終合格するまで、5年半にわたり続けた。

本書では、さまざまな王道の勉強法を述べてきたが、わたしの勉強法には「音読」が常にあった。小学6年生の2学期に始まり、「成功体験」までつながったのだから、試験勉強と1セットだった。

一方で、「黙読」も併用した。

そもそも、「音読」は自宅（ドアを閉めた自分の部屋か、ドアを閉めたトイレ）にいるときしかできない。大学生のときは、行き帰りの往復2時間の電車のなかで予備校のテキストをひたすら「黙読」した。大学の図書館でも、ひたすら「黙読」した。

大学を卒業してからは、横浜駅東口にある予備校の自習室を朝から夕方まで利用するようになった。問題中心の勉強（アウトプット先行型の過去問演習）だったが、もちろん問題を解くときも、復習するときも黙って読んでいたから「黙読」になる。

アウトプット先行が重要といっても、それはインプットの質を高める源泉になるからだ。実際のところ、本当に重要な勉強の基礎は、良質な書物を「読む」行為にあることがわかる。

その際は、記憶に残りやすい「音読」と、場所を選ばず、スピードを出すことができる「黙読」の併用がよい。

両方行うことで、メリハリもつくから、勉強時間の長さも気にならないほど集中できるようになるだろう。

「音読」の時間はひとりなのに、カフェで友達や家族と話しているような感覚で過ごすことができ、遊び感覚にもなる。

それでも、勉強になっている。これがなかなかよい。

発声が必要なので、漢字の読み方を調べることにもなり、正確な読み方ができるようになる。大学院の授業では、院生の判例研究などの報告は、レジュメの音読でなされる。

自分の書いた文章を目で追うのは、それほど時間がかからないだろう。人前で音読するとなれば、時間をたっぷり使うことになる。人が理解できるスピードで読みあげる必要があるからだ。

そのときに気づくことも多いから、研究における報告の「音読」も重要になる。

一方で、試験勉強の「音読」はゆっくりと読む必要がない。聞くのは自分だけだから、スピードを出して読んでも全く問題ない。むしろ早口くらいが、ちょうどよいかもしれない。

試験では、「大量の情報」を「瞬時に処理する」ことが求められる。

「黙読」のスピードを上げるためにも、「音読」のスピードを意識して速くするのが、きっとよいだろう。

20

精読と速読

——速く読むのとゆっくり読むのでは、どんな違いがあるのか?

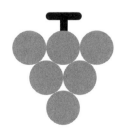

アウトプット先行型で、インプットの源泉に火をつける方法は、「演習先行型」ともいえる。問題を解いてから、生じた疑問などを解消する。そのために、書物を読むことになるので、インプットを「疑問を解消するモード」で行える。

34歳のときに書いた本には、こうした方法を採用すると、「スポンジ効果」が生じると述べた（『弁護士が書いた究極の勉強法』〔法学書院、２００８年〕参照）。

アウトプットを先行させると、インプットの吸収力をスポンジのように高めることができる。その比喩だった。

本番より制限時間を短く設定したタイムプレッシャーのなかで問題を解くと、実践感覚が養われる。このアウトプットが先行することで、テキストや基本書を読むときの着眼点が鋭くなるから、インプットが「1頁から順に読むだけの通読」よりも、はるかに充実する。

問題意識をもって書物を読むことで、行間を読むことができるようになり、文章に書かれた内容の深いところまで行き届くようになる。問題演習を先にしているので、抽象的に書かれた一般論でも、具体的な事例を想起しながら読むことができるというメリットも生じる。

このようにアウトプット先行型のインプットが、試験勉強では重要になる。

仕事において考えてみよう。「試験」がなくても、日常的な仕事というのは、そもそも書類を1頁から読むようなことが基本はない。何かの「問題意識」や「タスク」があり、そのために書類をひも解き調べることになっているはずだ。

このように考えると、本書が繰り返し解いてきたアウトプット先行型の勉強法は、きわめて実務的でもあるといえる。

これを前提に「読む」際の方法論には、「声に出して読む方法」（音読）と、「黙って読む方法」（黙読）の併用方式が有効であると、前節で述べた。


本節では、もう1つの読み方について、議論してみたい。

それは、声に出すか出さないか（音読か黙読か）の二項対立ではない。じっくりと読むべきなのか、素早く読むべきかという「精読」と「速読」の方法論である。

「精読」という言葉は、現代社会ではあまり聞かないかもしれないが、何よりも重要な「書物の読み方」である。

目を素早く動かす技術を使って、いかに短時間で読めるかを競う「速読派」の方法論には、本を読む行為に含まれる「沈思黙考」の考えが排除されている。

「沈思黙考」とは、物事の奥底に沈んでいくような、思考の深堀り作業を指す。これを黙って行うことは、時間をかけて「熟考」することも含む。

このような「沈思黙考」をする機会が、スマホやノートパソコンやタブレットに振り回されがちな忙しない現代社会では、圧倒的に失われている。

情報端末に振り回されてあくせく生きる人は、本を読むことに時間をとられたくないという気分になり、本を「邪魔者」のように扱いたくなるかもしれない。


「速読」の根源にある欲求は、要するにそういうことだろう。

映画を速く観たい、ニュースなどの情報もYouTubeの倍速で観たいという欲求が、令和時代のスタンダードだ。

では、好きな人と過ごす時間も、倍速で進めたいのだろうか？

もしそれもイエスだというのであれば、人生を生き急いでいるだけになる。要約すれば、早く人生を終わらせたいという話になってしまう。

そんな欲求をもつ人は、少ないだろう。

少ないはずなのに、速く処理する欲求にかられる人が現実には多い。ということは、書物をゆっくり読んで、じっくり考えることができない。そういう人が多いということだろう。

だから「精読」という言葉が、一般書籍にほとんど使われず、「速読」という言葉がいっときブームになったのだと分析される。

最近では、「読解」を強調するタイトルもみかけるようになった。「精読」という古典的な手法をとっている人は、ものをよく読む人のなかでは圧倒的に多数派のはずだ。本を読まない層も取り込もうとするビジネス書などでは、「読解」くらいは強調しても、「精読」を強調することができにくいのかもしれない。

本書は文献渉猟の場ではないので1冊だけ挙げると、作家の平野啓一郎は「スロー・リーディング」を提唱している（『本の読み方─スロー・リーディングの実践』（PHP文庫、2019年）。

基本をマスターすべき受験勉強では、この「精読」が重要になっている。

自分で時間をかけて、テキストや基本書の1頁の1行に納得がいかなければ、さまざまの方法で調べたり、他のテキストや基本書を調べたりしてでも、理解できるまで時間を費やした方がよい。

一方で、時間を費やしても、それでもわからない場合が、勉強していれば普通にあるだろう。わからないことは実務でも、もちろん普通にある。

そういうときは、「精読」のワナに引っかからないように注意する必要がある。

「精読」とは100%自分が理解できなければ、先に進めないという読み方ではない。「精読」は思考をめぐらし、疑問をぶつけ、ときに図を書いたり、線を引いたり、手を動かしたりしながら、徹底して「思考」をめぐらす読み方に過ぎない。

そこまでしても「わからないこと」があるのは、当然だ。その場合、その「わからないこと」が「精読」によって明確になったことが、むしろ重要になる。

「精読」をしなければ、何がわからないのかも、わからないだろう。

大学の授業で「税法」を担当している。レポートに質問を自由に書いてもらい、教育システムを使って電子媒体で返信している。

勉強をしっかりしている学生は、質問が具体的だ。どこまでがわかったのか、どこからがわからないのかを明確に記載している。できる学生は、さらに自分で調べたあとも記載して、そのような理解であっているかを確認したいと求める。

これに対して、「実現主義がわからなかったので、もう1度教えてください」といった質問をする学生もいる。こうした学生のレポートには、授業であれほど説明したのに「わかったこと」が1つも書かれていない。授業の説明を聞いたりテキストを読んだりして、なお不明な点が何なのかの具体化ができていない。この質問にもし回答するとなれば、授業の説明をもう1度するだけになってしまう。

「精読」とは、このようにとても重要な「読み方」になる。

では、その反対概念になる「速読」は、どうだろう？

これまでの本節の流れからすると、「速読」は否定されるものと思われたかもしれない。が、そのような方向にはならない。

自分の職業で実感できるので例を示すと、弁護士も学者も、裁判官も検察官も、日々大量の記録書類を読むことが求められる。それに加えて、関連する判例を読んだり、条文を読んだり、その解説書を読んだりと、読まなければならない「文章」だらけというのが、実務の実際だ。

これはおそらく税理士や税務署職員など、税に関する仕事をしている人（そして、そもそも一般にデスクワークを基本とした職業の方）にも、共通する部分が多いと思われる（読むべき資料の量は、その職業により変わる）。

資格取得を目指す受験生も、その資格を取得して実務家になったときに、そうした専門資料を素早く読んで、素早く処理することが求められる。

このような事務処理能力を試すのが、司法試験では、択一試験（短答式試験）であるといわれてきた。

1回目の受験で、「あと1点（または2点）」に苦しんだあの試験だが、過去問をタイムプレッシャーのなかで解いた経験数が少なかったので、実際にはスピードが遅かったということも、敗因の1つだったと思う。

こうして過去問を中心にした問題演習を、本試験より短い制限時間内に解く勉強法は、「素早く処理する」という実務能力を高める。

その際に求められるのは、「精読」ではなく、「速読」だ。

そろそろ気づかれたかもしれない。

「精読」と「速読」は対立するものでは、じつはない。アウトプットでは「速読」が求められるが、インプットでは「精読」が重要になる。

過去問の復習をする際に、インプットはわかるまで徹底して時間をかけるのは「精読」を前提にしている。もっとも、一般にインプットをするときに、つねに「精読」をする必要もない。

膨大な情報を処理することは、受験勉強でも、仕事でも求められるだろう。そうすると、最初は「速読」を使った方が、全体を早めに「概観」できるアプローチになる。

このように、全体を「概観」する際にも「速読」は有用になる。

つまり、インプット自体のなかに、概観する「速読」と、熟考しながら徹底して読み込み考え抜く「精読」の2つの手法があることになる。

結論としては、「精読」と「速読」についても、両者の併用方式があなたの力を高めることになるだろう。

大事なことは、いまは「精読」をしているのか、「速読」をしているのかというスイッチを、意図して切り替えることだ。

モードの切り替えともいえる。

つまり、「精読」も「速読」も、結果的に行われる読み方ではない。読むまえから、本人が「意図」して行うものになる。

21

計画と実践

――割り算を使えば実践可能な計画が明確になる？

資格の取得を目指すと、その受験勉強は長期に及ぶ。そこで、まずは全体の「計画」を立てることが重要だ。ということを、最初の方で述べた。

勉強において「計画」は、きわめて重要である。

これは資格試験の受験でなくても、同じだろう。

本書の原稿の執筆は、２０２４年の11月30日にスタートした。大学の授業期間中は時間がとりにくいので、手帳を開いて、執筆にあてる時間を確保できそうな日付けにあらかじめ「数字」を記した（「数字」とは、後述する「具体的な数字」になる）。合計28の節を、12月28日までに終えられるように「計画」したのだ。

いまは終盤だ。今日は12月25日のクリスマスなのだが、２つの節を書くことを手帳に書いていたので、そのとおり「実践」している。

学生にはよく、「割り算を使うとよい」と述べている。

数学が苦手な文系の学生でも、小学生の「割り算」くらいは簡単にできるだろう。

執筆スケジュールでも、数百通を超えるレポートの添削や成績資料になる採点の場合でも、「実施が可能な日」の日数で割ることで、「1日にやるべき数」が決まる。「計画」の段階で、割り算を使うことで、そのタスクが「実施が可能な日」の手帳にあらかじめ数を書いてしまうのだ。

レポートの添削や採点であれば、たとえば「50」と書く。３００通の添削でも採点でも「6日間」で割ると、「1日50通」の実施で「合計6日」で終わるとわかる。

執筆も同様だ。章形式の場合、たとえば全7章ある本であれば、「7」で割れば「7日」の実施で、その本の原稿は書き終わる計画が立つ。

本書のように28節ある場合は、1日1節でも28日（1か月弱）で書き終わるし、1日2節書けば14日（2週間）で書き終わる。

これは毎日必ず書く場合だが、さまざまな曜日ごとのスケジュールもあるなかでは、こうした臨時仕事を「実施が可能な日」に分割する。

手帳をみると、「この日は時間がとれない」と容易に想像がつく日が、必ずある。その日は「実施ができない」とみなして、手帳に数字は書かない。逆に「実施ができる」日には、数字を記載しておく。これを逆算する。

つまり、「いつまでに終えたいのか」を決めたら、今日からその期限までの「合計日数」を計算する。さらに「合計日数」のうち「実施が可能な日の日数」も計算する。あとは「タスクの合計数」を「実施が可能な日の日数」で割り算すれば、その「実施が可能な日」に行うべき「具体的な数字」が分量として明確になる。

この「具体的な数字」を手帳に記載していくのが、「計画」になる。「具体的な数字」とは、「実施が可能な日」に行うべき分量である。

あとは、その「計画」どおりに手帳に記載されたタスクを、数字どおりに「実施」するだけだ。わたしはこの方法を使うことで、忙しい本業（かつては弁護士、いまは大学教授）をもちながら、たくさんの本を書いてきた。

これは受験時代から勉強の「計画」で、普通に取り入れていた方法だ。

違うところがあるとすれば、受験時代は「勉強」がいわば仕事だったから、「実施が可能な日」がほぼ３６５日あった点だろう。というか、３６５日を「実施が可能な日」と計算していた。

１日10時間以上の勉強が、大学受験の浪人時代の１年間だった。１日13時間以上の勉強は、大学を卒業してからの司法試験受験の時代の3年半だった。

仕事をするようになると、「実施が可能な日」は少なくなるかもしれない。しかし、やるべき総量は受験勉強に比べればはるかに少ない。

さきほどの計算式さえ持っておけば、いつでも「計画」はできる。あとは「計画」どおりに「実施」すればよいだけなので、それでそのタスクは終えられる。

大学教授になってから、特に授業期間中は授業や学内行政のほか、日々の学生対応もあるため、土日も夜もない毎日になった。

そこに250通のレポートの採点という「臨時タスク」があるときは、強制的に「50通×5」で計算した「5日間」を手帳の余白に入れてしまうのだ。

その日に「50」と記載する。人と会う予定と同じくらいの拘束力にしてしまう。こうすると、「50通」の採点のできる時間も確保できる。

あとはその流れのなかで50通の採点をするのだが、必ず時間を計ってやっている。スマホのストップウォッチが大活躍だ。

まずは、1時間で何通できるかを「実践」して記録する。それがわかれば、1時間で10通なのだとしたら、あと4時間使えば全50通の採点は終わると計算できる。

慣れてスピードがついてきたので、次の10通は45分で採点できたということもある。

そのように計算して「実践」した1日目のタスク50通に要した合計時間を計算する。

すると、残りの4日間についても、1日に何時間使えば50通の採点ができるかの計算ができる。


本節の冒頭で「割り算」といったが、「割り算」以外に「足し算」や「掛け算」も使うことで、「計画」は数字に置き換えられる。数字で具体化できるから、事前に今日のタスクにどれくらいの時間が必要なのかも予測できる。

そうなれば、日々の忙しい1日のなかに入り込んだ「臨時タスク」に要する時間も、じつは思っていたほどではないと、安心できる。

そのルーティンをあと何日やればよいかもわかると、「計画」は予定どおり「実践」できるようになる。その経験によって「臨時タスク」が日常業務に割り込んでも、動じなくなる。


タスクが数字によって、明確に計算できるからだ。

わたしは日々このような処理をしているが、いずれも受験時代が長かったことの恩恵だと思っている。

それくらい「計画」と「実践」は重要だ。この「割り算」による計画ができるようになると、「300通も採点するのか、この忙しいときに！」とか、「10万字も執筆する時間なんて捻出できないわ」といった、余計な感情が出なくなる。それらは1日に全部やろうとするから、「無理」に思えてしまうだけなのだ。

「計画」した期間で割り算した「実施が可能な日」の具体化されたタスクは、その日のごく一部の時間を投入すればできる。

1年、2年「計画」になるような受験勉強でも、同じ発想でできるだろう。

少なくとも、その勉強のなかでの「タスク」は、分割できるはずだ。

「民法の過去問を15年分やる」という「分割されたタスク」で考えると、この「15」という数字をベースに「いつまでに終えるか」を決める。あとは同じ要領で「割り算」を使えばよい。

『計画』どおりに『実践』できない場合は、どうしたらよいでしょうか？」という質問もありそうだ。これについては、真剣にやっていることなら、まずは「計画」どおりにやるべきでしょう、と回答しておこう。

これは信念に近いほどに、「意志の固さ」が求められる。

発熱や風邪などのアクシデントのときは、無理のない範囲で計画修正が求められるかもしれない。そもそも全力で取り組むべきタスクのはずだから、「意志の固さ」があれば、ほとんどの場合は「計画」どおりに進むはずだ。

この点で、そもそも無理な「計画」は立てないという方針も、もちろんある。人により無理かどうかは、相対的に異なるだろう。

「ゆるすぎる計画」では、タスクの完成までに時間を要するだけになる。であれば少し高めのハードルにして、「集中」力を発揮したい。

「集中」してやればできる程度の「計画」にするのが、自分の成長のためにもよいだろう。

22

実務と研究

――税法に取り組む人は実務と研究のどちらをすべきなのか？

本書の読者で「税法」の研究を仕事にしている人は、少ないと思われる。税理士、国税職員、税務課担当の地方公務員、税法に携わる弁護士や公認会計士など、「税法」を仕事にしている方は、「実務」としての税法に取り組んでいることだろう。

本書のテーマは「勉強」なので、これらの職業を目指して受験のための「勉強」をしている方も多いと予想される。

税理士試験の科目免除を目指して、大学院生として税法を「研究」する立場の方もいるだろう。いまちょうど大学院進学を検討している人や、すでに受験する大学院を決めて研究計画書の作成などの大学院入試の対策をしている人も、意外と多いかもしれない。

このような方々に読まれているものと推測して、本書を書いている。

税法は、憲法、民法、刑法、商法・会社法といった法学の通常の分野と異なり、これに携わる職業分野が明確に確立されている。

そして、仕事として「実務」を目指す人でも、税理士試験の科目免除のため大学院に進学するのが、いまでは一般的となってきた。また、有資格者の方がキャリアアップのための大学院に進学することもあるだろう。したがって、「実務」をする人が「研究」にも足を踏み入れる場面は、多いように観察される。

もちろん、弁護士で、税法研究をするような委員会や学会に所属している人もいるから、その点では同様ともいえる。税理士という職業は、毎年改正される「税制」という国の財政や経済の行方をデザインする対象を扱う。「税制改正」について関心を持つ人が多いようだ。

税法に関する実務家は、税法をどのように改正すべきかという「税制の研究」にはまる人が、比較的に多い傾向があると思われる。

弁護士が一般に「法制の研究」にはまりやすいかというと、分野が広すぎることもあるが、必ずしもそうではないように観察される。

税制だけではない。税法の解釈適用は実務に直結するから、個別のケースで「税法の解釈」が示される「税務判例」についても、熱心に研究している実務家が多いと思う。いや、数としては多くないかもしれない。

それでも税理士や公認会計士の会で、「税務判例」をテーマにした研修講師として声をかけられることがある。少なくとも「税務判例」を学ぶべき必要性を、多くの専門家が認識していると思われる。

そのようなニーズがあることもあって、『リーガルマインドで読み解く重要税務判例20選』（大蔵財務協会、２０２４年）という書籍を、２０２４年9月に刊行した。５００頁に及ぶ分厚い本だ。

大学院で税務判例を研究する院生や、忙しい毎日のなかでも重要な税法の判例を学びたいという高い意識のある実務家には、最適な本になったと自負している（デザインも水色のカバーが綺麗に映えた本なので、書店でみかけたらぜひ手に取ってもらいたい。これはちょっとした宣伝だ）。

「税法」という独特な専門分野は、「実務」と「研究」が分別されることなく混在しやすい環境にあるといえる。

といっても、大学教授などのいわゆる研究者は、実際には「実務」を知らないということが通常だろう。税理士や弁護士や公認会計士などの実務家は、本当の意味での「研究」について、その手法も知らないと予想される。

「実務」は、税法理論や条文や判例を対象にする「研究」と異なり、現場での知恵がある。現場での申告書や書類作成がある。そもそもクライアントや顧問先があっての、ビジネスとしてお金を稼ぐことが中核になるだろう。

「研究」だけをしている人には、体験がないからこの感覚はわからないだろう。と、実務家は思っている。学者の知見など学問上の問題に過ぎないと、相手にしていない人も、実際には多いかもしれない。

逆に、大学教授などの研究者からみると、「実務」におけるこうした現場の部分はみえていない。課税とは、税法にのっとり適切に行われるべきという発想が強くあり、税制についても税法の基礎理論を軸にさまざまな意見をもっている。これが、実際だろう。

このように専門的に分析すると、「実務」と「研究」には、それぞれの専門家で相まみえることのない境界線がある。「税法」という分野が同じなだけで、扱っている仕事の内容も視点も、じつは全然違うようにもみえてくる。

学会などの議論では（ほとんど参加できていないので印象論に過ぎないが）、理論と実務の「融合」やその「架け橋」としての視点が、意識されるようである。

この視点は、「実務」から「研究」に転じたわたしには、とても魅力的に映る。

しかし、「実務」の現場にかかわる人にとって、このような視点は魅力的に映っているのだろうか。そして、研究者は、理論をふりかざすだけでは通用しない「実務」の現場にそれでも足を踏み入れて、税法理論を提唱する考えはあるのだろうか。

このように問題提起すると、本当は「税法」においても、憲法や民法や刑法や商法・会社法と同じように、「実務」と「研究」は違う世界にあるのかもしれない。

それでも、わたしたちは、両方を勉強しなければならないだろう。

「実務」の現場があるからこそ、税法は存在意義を持つのだし、税法は基礎理論をもって精緻に構築されているし、されるべきだからである。

勉強術というテーマの本書からすると、ここから先が重要になる。勉強の方法論については、すでに細分化して述べてきた。

本節でのポイントは、実務家も「研究」をしてみるとよいということになる。研究者も「実務」に携わっているか、少なくとものぞける機会があるとよいということでもある。

これらは両者の交流によって、深められるようにも思う。

しかし、交流というと、話して飲んで楽しんで終わりになりがちなのが、人間のさがのようだ。お酒を一滴も飲めないわたしには、そのように観察される。

そうすると、交流によって得られることは、それ自体ではきっと少ない。

大事なことは、交流する以前に、各人がしっかりと勉強していることだろう。

実務家も「勉強」を続けるべきだし、研究者も「勉強」をするべきだ。

そのときに「実務では？」とか「研究では？」という方に流れがちなのが、それぞれの立場だが、「実務」でも「研究」でもそのような高尚そうな言葉を使うまえに、まずは自分で日々勉強をすることが大事だろう。

本節よりまえに書いてきたことのほとんどが、基本は受験勉強の話だったが、実務家にも、誰もが「勉強」をしていたときがあった。

「勉強」は、決して試験に合格したら終わりではない。むしろ、試験に合格してからこそ、本格的に勉強を始めるべきだろう。

23

条文と計算

――税務の専門家に求められる力の本質な何なのか？

税法とは、税金を定めた法令全般を指す。「租税法」と呼ばれることもあるが、意味は同じだ。租税（税金）について定めた、その法令全般を意味する。

司法試験の選択科目では「租税法」という名称が用いられているので、法科大学院の科目名は「租税法」になる。学部の科目名は、大学により「税法」と「租税法」に分かれている。

勤務校では、法科大学院があったころはロースクールの科目では「租税法」という名称だったが、法学部の科目名は「税法」になっていた。法科大学院は募集停止となったが、学部の授業ではいまでも「税法」の名称が用いられている。

勤務先の法学部には、「税法A」「税法B」「税法C」「国際税法」という4科目が設置されている。1年生向けの「現代社会と法A」及び「現代社会と法B」のいずれの科目にも、3分の1ずつ税法がある。前者は「法人」、後者は「個人」を軸にして、税法と憲法、民法、刑法とのつながりを講義する。

わたしは現在、「税法A」（合計15回）と、「国際税法」の半分（合計8回）と、「現代社会と法B」の税法部分（合計5回）を担当している。加えて、税法のゼミである

「演習」も、3年生及び4年生（1年の合計は15×2×2＝60回）で担当している。

大学院でも税法院生が2学年で40名近くいる。そこでは、「税務判例・事例演習」と「研究指導演習」の科目を担当している。

税務訴訟の実務に取り組んだ弁護士時代と異なり、いまではその「実務」から離れて、大学生4学年と大学院生2学年に税法を教えている（博士後期課程の院生もいるが、ドクターの院生は自身の研究が中心にある。こちらは論文指導をするに過ぎない）。


このような「法学」としての「税法」という科目でみると、法学部や法科大学院で取り組む「税法」問題は、基本的には、所得税法、法人税法、相続税法、消費税法、国税通則法などの各種税法の定めである「条文」の解釈になる。


その具体例として、ケース・スタディとしての「判例」の研究も極めて重要になる。

数学が苦手な法学部生は多いが、条文を読んだり、判例を読んだり、学問としての基礎理論からものごとを「原則」と「例外」に分けて考えることは、他学部生に比べ、得意のはずだ。税法を適用する際に必ず直面する「計算」部分については、やるまえに苦手意識を感じる人も多いようである。

税理士試験では、「計算」が重要になると聞く。受けたことがないので、実際のことは知らない。税理士の仕事に必要な確定申告書の作成では、計算ソフトが使われているだろうから、計算機でいちいち計算する場面は少ないのかもしれない。

一方で顧問先の社長やクライアントに税務アドバイスをする際には、さまざまなパターンを示して、それぞれのパターンごとに税額がどうなるかなどの試算も求められるだろう。そうであれば、税法の「計算」は、やはり不可欠な職業だと想像される。

このような発想で考えると、税理士という職業では、税法の「条文」よりも「計算」が重要なのかもしれない。実際に税理士試験は「計算」重視で、「計算」のための方法については暗記重視であるとも聞く。

法令の「条文」を解釈適用することが専門である弁護士の仕事では、税法に限らず、法令に規定された「条文」の文言に着目して、どのように読むべきかという「解釈」がきわめて重要になる。

解釈が重要になるからこそ、法令の規定の読み方を示した最高裁判例を読み解くことが必須になる。先例の少ない税法では、特に地裁や高裁の下級審の裁判例を読み解くことも重要になる。

いわゆる「法的三段論法」だが、税法の「条文」の文言をどのように読むべきかという「法解釈」が行われ、証拠によって認定された「事実」にこれを「あてはめ」ることで、法は適用される。

この仕組みを熟知しているのが、法曹（裁判官、検察官、弁護士）だ。彼ら彼女らは、「計算」を多く含む独特な法分野である「税法」も、「条文」の解釈適用という点では同じだろうという視点を持ち、「税法」に立ち向かう。

ところが、「税法は法律ではない」と述べた最高裁判事がいると伝聞するように、法曹三者がふだんの「法律」の感覚で、取り組もうとすると、「税法」には壁が立ちはだかる。

壁は、「計算」部分にあるわけではない。

税法で重要な「租税法律主義」がしみ込んでいないことでぶつかる壁だ。犯罪と刑罰を定めた「刑法」や、当事者間の合意さえあれば基本は自由に法律と異なる内容を決められる「民法」のような発想で、「税法」をみてしまう。

こうして「税法解釈のあり方」を間違えた、下級審の裁判例は多数ある。

それらのほとんどは、最高裁判決で是正されている。法曹のエリートであるはずの裁判官も「税法」の専門教育を受けているわけではないから、税法に求められる独特な解釈の基本を誤ってしまう。そういう難しさが、「税法」にはある。

もちろん「計算」の部分が、少し複雑になるところはあるかもしれない。それでも税額計算は、裁判官なら調査官を活用すればよいだけだし、弁護士なら税理士とタッグを組めば十分だろう。

法曹は「法解釈」のプロではあるが、「税法解釈」のプロではないことが多い。税理士は「税務に関する専門家」であるが、「税法解釈の専門家」なのか。そうでもないように、一般的には観察される。もちろんできる方も、たくさんいる。

両者の隙間を埋めるためだろう。わたしが実務家としての弁護士だった時代から、よく「弁護士と税理士の協働」ということが言われてきた。実務としては、重要な考え方ではある。

忘れてはならないのは、弁護士は「税務に関する専門家」ではないということだ。「タックス・ロイヤー」もいるが、彼ら彼女らは弁護士のなかでは、ごく少数の特殊人物に過ぎない。

これに対して、税理士は全員が「税務に関する専門家」だ。それは税理士法1条に明記されているから、解釈の余地がなく正しい。

では、税務とは何か？

租税法律主義の下では、「税の実務」というだけでは正確な説明にならない。「税の実務」は、具体的な事例に対する「税法の解釈適用」を意味するからだ。

そうであれば、税理士こそが「税法の解釈適用の専門家」であるべきはずだ。この点をサポートするのが、税法大学院という位置づけにあると思う。

SNSの税理士のポストで、「官報合格」と「院免」の「どちらが上か?」のような議論がされているのを、最近目にした。前者は、会計科目2科目と税法科目3科目の合計5科目の試験に合格して、税理士になる方法で、後者は、大学院の修士論文を国税審議会に提出することで、税法科目2科目は免除されて税理士になる方法だ。試験を受けていないわたしには、よくわからないヒエラルキー論にもみえた。弁護士の世界でも「旧司法試験」と「新司法試験」(法科大学院設置以降の現行試験)との間で、どちらの試験の合格者かという対立を耳にすることがある。

税理士でも弁護士でも「税法」で大事なことは、「税務に関する専門家」というなら、「税法の解釈適用の専門家」になる必要があるという事実だろう。つまりは、「条文」に強いことが求められる。具体的には、「条文」から説明できるということだ。どの試験を経たかは関係ないが、大学院で法学研究としての税法研究をして「税法」の修士論文を書き上げる力には、「条文」を読む力が含まれている。

旧司法試験世代の弁護士に、まれに居酒屋などで遭遇すると、「いまの司法試験は簡単だ」とか「いまの若手弁護士は能力が低い」などという言説に接することがある。

わたしも旧試験世代なのだが、そのように思ったことはない。落ちこぼれだったからかもしれないが、4回目で合格したので、当時の合格者の平均受験回数（6回程度）より早く受かっている。

免許を得る時点までの苦労は、自分の経験としての宝にすればよいと思う。

資格を取得した時点で（あるいは、それまでに）どんな能力があったのかを競うのが、弁護士や税理士ではないだろう。自己実現としては腕を磨き、社会に役立てるよう、それぞれの高みを目指せばよいだけだ。他人のことなど、どうでもよいのでは？

自分の目標と、自分の現実。
過去の自分と、現在の自分。
理想の自分と、現実の自分。

そこに、他の同業者は介在しない。

このような思考で日々過ごしたら、ストレスなく自分を高められると思うのだが、どうだろう？

そのための方法は、他人との間ではなく、自分の「勉強」のなかにあるはずだ。

24

論点と処理

——実務家に求められる力は処理能力だけなのか？

法学の解釈論には、必ず「論点」が登場する。

司法試験の勉強をする受験生は、各科目の基本「論点」について、判例・通説の見解をベースに「問題提起」→「理由」→「規範」までの道筋の文章を、ささっと書けるよう準備をして、論文試験にのぞむ。

論証と呼ばれるものだ。各科目に基本「論点」が大量にある。予備校がそれらの論証部分をとりあげて受験教材をつくるようになり、受験生がその予備校作成の論証を覚えるという、弊害が生じた。

覚えたものを答案にはき出すだけの受験生が増えたからだ。1通の論文試験の答案を、論証から論証へのつなぎあわせのように完成させてしまうという。

それだけで合格する試験になれば、「法的思考力」を試すことができなくなる。論証の暗記量を問う、単なる「記憶力テスト」になり下がる。

実際、わたしが司法試験を受けていたころ、予備校の答練での問題のほとんどが、基本「論点」の論証をつなぎあわせると解答できるようなものだった。この手の論証を記憶する勉強をしっかりしておけば、それだけで答練では高い点がとれた。

良い成績を直前の全国模試（答練）で得ていたのに、3回目の司法試験の受験で2年連続の総合A評価で論文試験に不合格になった要因は、ここにあった。

当時からすでに司法試験の論文試験では、本試験の問題は予備校の答練と違って、基本「論点」の論証を覚えるだけでは対応できない、「現場で考える力を試す問題」にシフトしていたからだ。

基本を丁寧に書けばよいといっても、応用部分もある。

「論点」の論証だけを書けばよい問題ではなく、現場で考えたあとを書き記すことが必要な「処理」を問う問題も、特に民法などでは多くなっていた。

「論点」は、「問題提起」→「理由」→「規範」の3ステップで論じることができる。しかし、「論点」は特になく、事例の解決に必要な条文を引いて、それを端的に適用して結論を導くような「処理」については、予備校の論証対策のテキストには載っていない。

「処理」になると、試験の現場で各机に1冊用意されている六法を自分で引いて、「この条文だな」と考えて、事例に適用していくしかない。意外とこういうことが、

「論点」中心の勉強をしているとおろそかになり、書けなくなってしまう。

そこで、最後の4回目の受験では、シフトチェンジをした。いまは「論点」を書くべき場なのか、単なる「処理」をすべき場なのかを意識することにしたのだ。

「処理」というと、仕事との関係では「実務」ぽくも聞こえるだろう。

「処理」というと、「マシーン」を連想するかもしれない。ライティング・マシーンとは、人の話をノートにひたすら書きとどめるものだった。

「処理」とは、自動計算のようなものなのだろうか？

税務「処理」には、自動計算的発想が多くあると思う。法曹の事例「処理」になると計算よりも、特定の法令の特定の条文をみつけてそれを事例に適用すると、どんな結論が導かれるかという事案の「処理」になる。自動計算ができるものは、まだない。いずれはＡＩで、事例を入力するだけで（あるいはしゃべるだけで）、適用される法令と条文番号が全て列挙され、どのような筋道で、どのような結論が導かれるのかの「処理」も自動的にできるようになるかもしれない。

法律論で難しいのは、それがいつの出来事なのかによって、適用される法令や条文が変わることにある（改正があるからだ）。そこまでＡＩが処理できるくらいの自動「処理」機を開発することができたら、裁判官も弁護士もきっと楽になるだろう。

もっとも、それが本当に正しいかを検証することが、専門家には必要になる。

テレビの『情熱大陸』（毎日放送。ＴＢＳ系列）でイチロー特集があった。録画して前編と後編を続けてみた。

イチローは松井秀喜との会話のなかで、メジャーリーグが進めるデータ野球に疑問を呈していた。

出身高校を訪問した際にも、メジャー張りのデータ活用の練習をみて、高校生の部員たちに、データに頼ることの危険性を、真剣なまなざしで説いていた。

ＡＩのような便利な「自動『処理』」の道具は、どんな分野でもつくられているだろう。

たとえば確定申告書の自動作成ソフトはかなり進化している。スマホでできるものもあり、極めて便利だし、正確である。

その設定を間違えてしまったことがあとからわかり、納税者に自発的な修正申告を求めるニュースも、最近あったが。

日常の場面で便利になり浸透している「自動『処理』」のデータといえば、交通機関の情報だろう。東京では、特に地下鉄が複雑だ。相互乗り入れも含めた路線のすべてを把握するのは、個人には難しい状態になっている。

どの電車に乗れば、最短で目標駅にたどりつけるかも、路線が複数ありすぎるから、その時間次第で変わる。これはスマホで調べれば、瞬時に得られる情報だ。

もはや時刻表で調べる人は皆無だろう。自分で考える必要がないため、路線情報のアプリがなくなれば、途端にどうしてよいかわからなくなる。

アプリ頼みだから、東京に長く住んでいたとしても、そんな人には土地勘が育たないのではないかと想像される。実際、わたしもそうだ。

このように考えると、「自分のあたまで考えなければいけない」というイチローの危惧は、野球以外でもじつはすでに起きている。自分で考えるよりも、はるかに速く正確な情報が得られる時代になっているからだ。

ところが、税理士や弁護士などの専門職人になると、そうした感覚がまたイチロー的になるのではないかと思う。

税理士は自分で計算できなければという考えが、いまでもあるかもしれない。少なくとも、弁護士の場合は自動「処理」のできるＡＩが発達していないから、自分のあたまで法律関係を処理できる力が、司法試験の択一試験（短答式試験）でも論文試験でも求められている。

しかし、法律に限らず、どんな問題でも学習して、文章で解答してくれる生成ＡＩがあらわれた現代では、このような個人の「処理」能力は、あらゆる分野で劣化する可能性がある。

であれば「処理」能力を鍛えることが、専門職業ではますます必要になるのか、ＡＩに任せて退化していくのかは、わからない。税法の世界では、課税庁もＡＩで申告情報等から、申告漏れの可能性がある納税者を探して税務調査などをしている。国税関係者の話によれば、ＡＩはかなりあたるという。

受験では、いまでも「処理」の力が問われている。言葉を人間的に置き換えると、「処理」とは「思考」といえるかもしれない。『処理』力」とは「『思考』力」の一部なのだと考えれば、人が失ってはいけない能力であることに気づかされる。

これに対して「論点」は、人が考えてつくるものだ。どの「論点」もテキストや基本書に載っているから、所与のものだと錯覚するかもしれない。しかし、最初は誰かが発見したものだ。

税法の世界でも日々「論点」が発見されている。それに対する考え方が、学説（見解）として分かれることは多い。裁判所でも判断が分かれると、最後は最高裁が判例を示すことで、決着をつける。

「論点」は、人が設定する発想がまだ強いということだ。

そうすると、「事例と対峙したときに、必要な税法の法令を引き、これを適用する際に生じる「論点」を発見できる能力は、きわめて重要になるといえるだろう。

「論点」の発見とは、既存のものではない。これまで認識されていなかった問題を言語化する作業である。

これができるようになるためには、条文をよく読むことが重要だ。

条文の文言をよく読む。穴があくほど比喩だが読み、その読み方次第で、結論が変わることを知る。いずれかの結論によっては不合理なことや非常識なものになるとわかれば、もうそれは立派な「論点」といえる。

租税法律主義のもとでは、条文の文言は「解釈」できるといっても、その文言から読み取れる範囲内の読み方におさえる必要がある（文理解釈の原則）。

このあたりはきわめて人間的といえるから、まだしばらくは専門家の重要な能力であり続けるだろう。

25

判例と学説

——実務のサイドからみた判例の意味は何か？

税法の「論点」には、最高裁判例による答えのあるものもあれば、ないものもある。最高裁判例があっても、その射程が問題になる。

意外なことだが、未だ最高裁判例がないものに、「必要経費」がある。

サラリーマン税金訴訟とも呼ばれた大嶋訴訟では、給与所得者に認められる給与所得控除額の主たる意味が、「経費の概算控除」であると判示された。

最高裁の判決が下されたのは昭和60年（１９８５年）だから、いまからもう40年まえの「判例」になる。いまだにその重要性は失われておらず、税法を学ぶ学生がいまでも必ず接する、重要基本判例だ。

大嶋訴訟の最高裁判決では、見逃されがちだが、「給与所得者にも必要経費が観念できる」という前提が示されている。原審である控訴審は、「給与所得者には必要経費は観念できない」という判断だったので、この意味がじつは大きい。

大嶋訴訟で争われたのは経費を実額で控除できる事業所得者と、法に定められた概算の控除しかできない給与所得者との不平等だった。

事業所得者に収入からの実額控除が認められる必要経費だが、その要件や判断基準を示した最高裁判例はいまだにない。

一方で近年では、下級審の裁判例で必要経費の該当性を争うものが活発化し、裁判所は積極的に2要件説を採用している。「関連性」と「必要性」の2要件を求める考え方だ。

前者の「関連性」については、さらに「直接性」を求めるか、求めないか、「合理的な関連性」を求めるかという点で、3説に分岐する。

税法を適用する際に生じる「法解釈」としての「論点」には、最高裁判例の答えがあるものと、地裁や高裁といった下級審レベルの一応の裁判例があるものと、そもそも下級審の裁判例すらないものに分かれる。

こうした問題について税法学者は、活発に「判例評釈」などを通じて、自身の見解を表明する。

わたしの場合は『月刊税理』（ぎょうせい）に、毎月、税法の「判例評釈」を書いているが、これは見開き2ページで少し短めだ。『税経通信』（税務経理協会）では、鳥飼総合法律事務所の弁護士と持ち回りで、数か月に1度だが、少し長めの「判例評釈」を書いている。

ほかにも、勤務大学の紀要である『青山法学論集』や、同じく大学院の紀要である『青山ビジネスロー・レビュー』（編集長をつとめて10年になる）でも、「論文」や「判例評釈」を書いて、論点についての見解を表明している。

こうした税法学者の見解は、「学説」と呼ばれる。

「学説」の面白さは、正解がないことと、それぞれの独自の視点や理論から、自由に見解が表明されることにある。自由とは、拘束されるものがない状態だ。

論点について初めて最高裁の「判例」が示されると、最高裁の公式判例集に掲載されたものは、その事件を担当した最高裁判所調査官による「解説」が公表される。「調査官解説」と呼ばれるもので、学説の見解が分かりやすく整理されていることが多い。

最高裁の「判例」が下されるまえには、その下調べとして調査官が、それだけ入念に税法学者の論文や判例評釈を読み、「学説」の状況を整理している。

「学説」の面白さは、こうして最高裁判例に否定された見解になったとしても、『判例』に反対する立場」として、生き残る道があることだ。

「実務」を支配するといっても、判例が絶対解とは限らない。「学説」としては、『判例』に反対する立場」にも十分な価値がある。

これが裁判実務になると、最高裁判例には「事実上の拘束力」があって、地裁、高裁の裁判官は「上を見る」ほかない。過去の最高裁判例と異なる法解釈を判決で示す自由は持っていても、その場合、その事件の上級審で必ず是正されるという予測が立つ。こうして事実上、「上」の最高裁にあわせた判断を行わざるを得なくなる。

自説にこだわる裁判例は、裁判を利用する当事者に無駄な費用負担をさせ、訴訟経済にとってマイナスになる。

新人弁護士のころに担当していた、ストック・オプション訴訟の話だ。

当初は「一時所得」と判断をしていた裁判所（東京地裁）が、最高裁が「給与所得」と判断したあとは、見解を変えた。もちろん、「上」の判断が示された以上、「下」の裁判官としては、最高裁の「判例」に従わざるを得ない。

裁判官としては、自身の見解を変えなければいけないという点で、葛藤があったと思われるが、それが職業上の宿命ともいえる（というか、縛りがある）。

裁判所の判断は、最高裁判例がないうちは、自由に自身の法解釈を披露できる。その結果、下級審の裁判例で判断が分かれた状態が続くと、最高裁がその論点について「判例」を下す。分かれた司法の判断を、統一する意図をもって行われる。

そのあとは、地裁でも高裁でも、裁判官はその「判例」に従うことになる。この意味で「判例」は、強い力を「実務」に対して持っている。

司法試験の勉強をしていたころ、論文試験では「判例」に従う答案でも、そうでない答案でも、特に問題はないとされていた。

ロースクール設置後のいまの司法試験では、長い事例をその場で読ませて、自分の立てた「規範」に対する「あてはめ」をしっかり書かせる問題が定着した。その結果、「規範」を定立するために必要な「法解釈」は、重視されなくなったと聞く。

法解釈は短く書いて「規範」は「判例」に従えばよい。それがいまの司法試験の王道であると観察される。

実務家を登用するための試験なので、ある意味必要なことなのかもしれない。実際、弁護士になったら、あるいは裁判官、検察官になったら、受験時代と異なり「学説」をみることもなくなり、「判例」ベースで処理することが求められる。

「判例」を変えようなどという、学説の少数説を支持するような立場からの法的主張を行うことは、実務家としては失格だ。クライアントに迷惑をかけるだけだからだ。しかし、これはあくまで、通常よくある民事紛争や刑事裁判における一般論だ。

税法の解釈適用は、必要経費の要件などのように「判例」がないものが多い。重視する「判例」が不足しているので、「法解釈」を学説のように大胆に訴訟で主張できる。そのような主張がしやすいのが、税務訴訟の特色だ。

わたしは、法的主張を考えることが好きだった。弁護士として税務訴訟に携わってきたことが自分にあっていたと、いまはわかる。

しかし、訴訟をする弁護士は勝敗が全てだ。勝たなければ、納めた税金は還付されない。勝った場合でも、世に知られるのは、判決を書いた裁判長の名前だ。

2014年に、いまの勤務大学の当時の税法教授陣から声をかけられた。実務家から学者に転身するという、通常はまずないルートが用意された。

移籍を決めたのは40歳になった直後で、まだあたらしいことに挑戦できると感じたこともあったが、学者になれば、勝ち負けがなくなると思った。

法的理論構成を論文に示せば、最高裁の裁判官にも読んでもらえる可能性がある。それなら「判例」に影響を与えられるのではないかと、直観した。

勉強という観点からは、「学説」も重要だし、「判例」も重要だ。

しかし、最高裁判例があれば「判例」をしっかり勉強しておいた方が、受験には合格しやすいだろう。実務でも、そのまま役立つに違いない。

「学説」というと、それぞれの学者が自己主張しているだけにも、みえるかもしれない。しかし、「判例」の支配する裁判実務と違って、本来、税法の解釈の「正解」は1つでない。複数の考え方があり得るのは、当然だ。

勝ち負けの世界ではないところに、物事の本質が隠れている可能性もある。税法の勉強では、その本質を掘り起こすことが必要になるだろう。

26

理論と税制

——その税制は正しいのかを検証する物差しとは？

税法で勉強する対象は、法解釈の「論点」だけではない。税法が定める規定は、「税制」を構築している。「税法」という学問をひも解けば、税制には「理論」があることがわかる。

もちろん、租税法律主義の下で、税法の規定は毎年改正されており、「法律の定め」は選挙で選ばれた国会議員の多数派の支持で決まる。そこには、「理論」に合致しているかを検証する場がない。政治の論理になってしまうからだ。

毎年12月中旬に公表されるのが、政府与党の「税制改正大綱」だ。翌年の税制改正の基本指針になる。年内には、内閣で閣議決定がされる。

それを財務省が法案として条文にしたものが、翌年の通常国会に提出される（地方税の場合は、総務省が法案をつくる）。国会で可決されると、多くの改正法は4月1日から施行になる。大きな変更を伴う場合は、施行までの期間を置く。

与党が選挙で毎回多数派として選ばれてきた時代には、流れ作業だった。「税制改正大綱」が法律になるだけで、民意が「税制」に直接反映する機会はなかった。

租税法律主義とは、「代表なくして課税なし」というアメリカの独立戦争のスローガンと同じだ。「主権者である国民が『税制』を決める」という原則である。

代表民主制だから、国民が選んだ国会議員が国会で審議すればよい。しかし、その前提には「国民が『税制』を決める」という考えがある。

２０２４年の秋の解散後の衆議院選挙で、「『１０３万円の壁』を１７８万円に引き上げる」と税制の主張をし、得票を得たのは国民民主党だ。インナーと呼ばれる税調（政府の税制調査会）で決めるだけの「税制」に、民意をぶつける機会を得た。

自民党・公明党・国民民主党の幹事長が3党合意をして「１７８万円に引き上げる」と合意をしたのに、「１２３万円」で税制改正大綱がとりまとめられた。

「税制」の「理論」との関係で考えると、本質は、「１０３万円」でも「壁」でもない。国民一人ひとりにかかる「最低生活費」には、課税しない。その「最低生活費非課税の原則」の問題のはずだ。この原則のあらわれとして、所得税法には「基礎控除」がある。その標準額（執筆時は48万円）の適正化が本質だろう。

「最低生活費非課税の原則」は、憲法25条が定める「健康で文化的な最低限度の生活を営む権利」である生存権保障の、税法上のあらわれである。

最低ラインの額をいくらにするかは、国会の立法裁量であるとも解されている。だからこそ、まさに国会でこの「基礎控除の標準額」を48万円からいくらに引き上げるべきかを、話し合う必要がある。

自民党・公明党の税制改正大綱（政府が閣議決定もした）では、基礎控除額を令和7年（2025年）から10万円引き上げて、58万円にするという。物価上昇によって最低生活費にかかる額が上昇したことを踏まえたものという。あわせて給与所得者に認められる「給与所得控除額の最低保障額」も10万円引き上げ、65万円に改正するという。

10万円ずつの引き上げ額の合計は20万円。現行法の103万円から123万円に上げるというのが、税制改正大綱の見解となった。

しかし、給与所得控除額は、給与所得者のみに認められるもので、最低生活費の非課税を定めたものではない。給与所得控除額は、必要経費の概算控除を定めたものだ。物価上昇で給与所得者の負担する経費の額も、上がっているだろう。今回の引き上げは最低保障額にとどめられ、給与収入額に応じて上がるブロックごとの額は、据え置かれている。

事業所得者などの給与所得者以外の納税者には、給与所得控除額はない。「１０３万円を１２３万円に上げた」という税制調査会の案は、実際には基礎控除額を10万円引き上げたのと、あまり変わらない。

平成29年（２０１７年）の改正で、配偶者控除には、その者の所得が一定額を超えると認められなくなる、「所得制限」が導入された。配偶者の最低生活費の負担を考慮したものなのに、理屈にあわない。

同じように、平成30年（２０１８年）の改正では、基礎控除にも「所得制限」が導入された。最低生活費の負担は誰にでもあるのに、所得が一定額を超えると基礎控除が認められなくなる制度になった。

マスコミは、この基礎控除を「ほとんど全ての人に認められる」と説明するが、実際には「所得制限」で認められない納税者もいる。その人たちにも生活費はかかっている。物価上昇で負担額は大幅に上がっているだろう。

こうした「所得制限」は、「最低生活費非課税の原則」のあらわれとしての「基礎控除」の本質に反し、税法の「理論」からは誤っている。

それを肯定する論拠としては、「実質的な公平」が挙げられる。

「応能負担原則」という理論も、所得税法にはある。

これは「税負担のできる能力」に応じて、負担する税額も高くする考え方だ。この考え方のもとで、所得に応じて税率が高くなる累進税率が、すでに導入されている。

それとは別に、最低生活費は誰にでもかかるので、生存権保障として一定額の控除を国民全員に同額で認めてきたのが「基礎控除」だった。

その基礎控除に「応能負担原則」を適用するとは、「最低生活費非課税の原則」という「理論」がすでに崩壊しているのでは?

このように「理論」と離れた「税制」が、ときに生じる。

「理論」を無視した「税制」に対しては、国民の監視が必要だろう。

「主権者である国民が『税制』を決める」という租税法律主義からすれば、選挙の結果によって、「理論」にあわない「税制」は是正されるはずだ。

政府与党が「税制」改正の方向性を「政策」として掲げずに選挙しているようでは、その「税制」改正を支持したわけではない得票によって成立した政権が、税制調査会で毎年の「税制」改正を自由に決めることができてしまう。

これでは「租税法律主義」という「理論」からも、離れていくことになる。

その歯止めができるかどうか、日本はその岐路に立っている。

本節では、今日的話題から「税制」と「理論」を説明してみた。

税法を勉強する人は、現実の細かな「税制」ばかりを追ってしまいがちだ。

その「税制」が税法の「理論」に合致しているかを検証できる力を得ることが、税法を勉強するメリットといえる。

「租税法律主義」「最低生活費非課税の原則」「応能負担原則」。こういった「主義」や「原則」の名前がついた考え方が、税法の「理論」である。

基本的な「理論」をしっかり身に着けると、現実の「税制」が「理論」どおりになっているか、修正がされていないかという視点で、勉強できる。

そして、現実の「税制」で「理論」が修正されている場合は、立ち止まり、「なぜだろう？」と考えたい。

「税制」は「理論」からの検証にさらされる必要がある。税法の「理論」から「税制」を理解し、改正の是非についても、自分のあたまで考えたい。

27

記述と思考

——勉強で活性化した思考の力を使うコツとは？

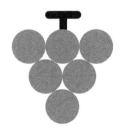

シリーズ前作の『税法独学術』(2022年)は、先を行き過ぎていたところもあった。そこで、まず押さえるべき「標準思考」(基本思考)を得るための、「勉強術」に焦点をあてることにした。それが、本書だった。

このシリーズでは『税法文章術』(2021年)も刊行している。同書は「税法論文」を執筆するノウハウだった。

『税法文章術』は、「文章を書く」ことに焦点をあてた。税法院生や学部の税法ゼミ生などに向けた、修士論文や卒業論文の書き方のノウハウをまとめたものだった。

本節で取り上げたいのは、「論文」のような骨の折れるレベルの作業に限った議論ではない。手を動かして「書く」作業の全てだ。

「書く」作業は、論文のような壮大なものに限らない。自分の勉強のノート作成や気づきをまとめたメモレベルまでも含む。そこで、「記述」という言葉を使う。

勉強をする際に「記述」することは、きわめて重要な作業だ。

「手を動かしましょう」と、大学の授業で学生に伝えている。ただ黙って聞いている時間と、手を動かしながら人の話を聴く時間とでは、得られるものに大きな差が生まれるからだ。

手を動かすとは、かつてはペンを持ちノートに書くことだった。

本書で述べた大学の民法の先生の「ライティング・マシーン」だが、いまではパソコンやタブレット持参で授業を受ける学生が多い。キーボードをたたくのでも、タブレットにメモをするのでも、同じといってよいだろう。

人の話をただ聞いている時間は「受動」になるが、手を動かしながら聴く時間は「能動」になる。

姿勢の問題ともいえるが、「能動」とは、まえのめりの状態を指す。その授業に進んで参加するような、いわば身を乗り出す行為だ。

そのような時間を過ごす学生は、疑問点を必ずメモするだろう。授業のあとには、先生に質問に行くだろう。少なくとも自分で図書館に行ったり、インターネット上のデータベースなどを使ったりして、わからなかったことを調べるはずだ。

このようなプロセスがまわりはじめると、勉強には主体性が生まれる。

主体性が生まれると、自分に軸が生まれるから、「思考」が活性化する。

活性化した「思考」は、簡単には止まらなくなる。

次回の授業でも主体性は失われないから、再び能動の時間を過ごすことができる。

そうすると、あらたな疑問がまた浮かび、それを調べたり考えたりして解消された瞬間が「快」になる。こうして、この好循環が続くことになる。

そのように全15回の授業を過ごした学生と、聞いていただけの学生とでは、大きな差がつく。日常の行動や「思考」にも、大きな影響が出るだろう。

主体性が生まれるコツは、「記述」にある。

「記述」をする人は、能動のモードで時間を過ごすことになる。そこには、必ず「思考」が生まれる。

「思考」は、その人の主体的な活動だ。活発に「疑問」が起きやすくなり、その「疑問」を「調べる」という作業が自然と生まれる。

その繰り返しが「勉強」には、きわめて重要だ。

一般にはよく「メモをする」といわれる。昔からその効用が説かれてきたのは、こうしたプロセスを引き起こすからだろう。

「記述」することの強みは、それが文字で残されることにある。

残された文字は、あとから見ることができるからだ。

少し長めの文章を書く場合には、その「記述」をすること自体が「思考」をしていることにもつながる。

実際、このような本を書いているわたしも、執筆することで「思考」をしている。そのように書いた「記述」を読み返すことで、もう1度「思考」することになる。文章を推敲することで、本は完成する。そのころには、そのテーマの「思考」を深く十分に行ったことになる。

「記述」には「思考」をスタートさせるという、大きな効用がある。勉強をする人は、受験生も実務家も、これを活用しない手はないだろう。

28

税法と日本

——これからの日本と税法の関係とは？

２０１９年に、元号が「平成」から「令和」に変わった。

翌年（２０２０年）にはコロナ下に入った。コロナが収束したら物価高が進んだ。要因には、２０２２年２月から始まったロシアによるウクライナ侵攻を原因とする資源高などがあった。いまはインフレが進む。

その年の７月には、国民から長く支持された安倍晋三元首相の銃撃事件もあった。このような出来事は、戦後の昭和時代にも、平成時代にもなかった。

失われた30年といわれ、「日本」の経済成長は長らく止まった。

国民の実質賃金や年収は増えないまま、投資は外国からのマネーが活発に入り、日経平均株価は４万円を超えた。

それでも本書で述べたように、国民の所得税については、基礎控除額の引き上げを渋る政治家がいる。

税収はこの原稿を執筆している本日（２０２４年12月28日）の報道によれば、２０２５年度の当初予算では、過去最高税収の78兆円と公表された。「であれば、１０３万円を１７８万円に引き上げればいいのに」という指摘が、ＳＮＳで賑わっている。

これに対しては、財政の健全化（プライマリーバランス）には、ほど遠いのですと、ぼったくりのような反論もある。報道はなぜか、常にこちらの筋だ。

失われた30年のデフレ脳に染まってしまったのだろうか。

財政の健全化というが、国民あっての財政だ。それなのに、発想が逆になっている政治家が多い。「国民の生活」よりも「国の財政」の方が大事だと、信じているのだろう。国民には、まず「家計」があるのだが。

これを財務省サイドが主張するのは仕事だとしても、この考え方に無条件に同意してしまう人は、まだ一般にも多そうだ。

実務家から大学教員に職を変えて10年。送り出した学部のゼミ生は１００人を超え、1番上の世代が30歳になるところまできた。

コロナ下も明け、この1、2年くらいで結婚する卒業生も増えたが、子どものいる卒業生は数えるくらいしかいない。

少子化の流れは、簡単には止まりそうにない。嘆くよりも、考え方を大きく変えるべき時なのかもしれない。

日本人は、稼ぎを増やし自助努力で子育てをしようとする。

そのような「現役世代」は、家族や子どものために働いている。物価上昇により支出はどんどん増える。国民が生活費を支払う際に商品やサービスに上乗せされて負担している消費税も、税率が上がってきた。しかし、基礎控除などの最低生活費を非課税にするための「所得控除」の標準額は、同じ額のままだった。

稼ぎを増やすために努力し働けば、「所得制限」によって、こうした控除をはく奪される。この流れは、2011年の「年少扶養控除」（0歳〜15歳）の廃止から始まった。子ども手当（現行法の児童手当）の導入を受けて廃止されたのだが、子ども手当はすぐに児童手当に戻り、「所得制限」が導入された。

2024年10月分から、ようやく児童手当の所得制限は撤廃された。しかし、子どもはその「所得制限」のあった10年以上の間に、とっくに育っている。

子どもを育て家族を養う「現役世代」でも、所得が高いと控除がなくなる。彼ら彼女らが「年少扶養控除」なしに子育てにかけた費用は、戻ってこない。

税法の基本原則に戻ろう。

国民全員に生存権を保障するのは、憲法25条だ。

そこから導かれる「最低生活費非課税の原則」のあらわれとして、所得税法では「基礎控除」「配偶者控除」「扶養控除」を設けてきた。

しかし、この10数年を振り返ると、どうだろう？

これらの制度を「現役世代」に対して、過去の世代と同じ様に活用できる「税制」を構築してきたといえるのだろうか。

「所得再分配の回復」が大事だという。高所得者にはすでに累進税率で高い税負担が課されているのだが、この15年くらいの間に増えてきた発想だと観察される。

日本人一人ひとりの生活向上を目指すのではなくて、そのなかに格差があると問題設定する。その結果、家族や子どもを養うためにお金のかかる「現役世代」の努力による稼ぎに対し、給与所得者同士の相対的な「所得」の高さの判断で「所得控除」

（人的控除）に制限をかけ、高い所得税を国庫に納めさせる。国民の努力によって得た「所得」は、国が自由に配分していくものだという発想にもみえる。

根幹にあるのは「税制」が、国の「財政」の道具になっていることだ。政治の局面では、人口ボリュームがある高齢者からの票をとる必要がある。

努力を重ねる納税者、特に子育てをしながら家族のためにフル回転で稼ぎ、政府に煽られ老後の心配もさせられている「現役世代」の生活には、考えが及ばなかったのかもしれない。それで少子化対策はするのだから、矛盾政策にも映る。

政局の混乱は、突然起きたものではない。

２０２４年秋の衆議院選挙から顕在化したようにみえるが、蓄積された「現役世代」の鬱憤を的確にとらえた政党があらわれた。それだけのことだろう。

これがあたらしい元号の令和になり、６年をかけて進んだ「日本」の現在地だ。「勉強」を説く本書の最後の節に、「日本」という国との関係を選択したのは、「税制」が国の今後の行方を適切に変えられるかどうかの、瀬戸際にあると考えるからだ。

「税務に関する専門家」である税理士は、もちろん「税」の「実務」を扱う職業だ。
これを目指す受験生は、次の点にも目配りできるとよいと思う。
それは、「日本」の「税制」の現状が、国の「財政」に寄り過ぎて、「経済」の活性化を阻害していないか、という視点だ。

試験には出ないと思うが、試験はいずれすぐに終わる。
受験の努力は「正しい勉強」をすれば、必ず「合格」に結びつく。

読者が難関資格や大学院の受験などに向けて「勉強」しているなら、高い志がきっとあるのだと思う。

個人の生活の発展や成長のためには、基盤としての自国の経済成長が継続的にあることや、その前提として国の安全保障が不可欠であることも、理解しておくことが求められる時代になった。

これらも含めて、わたしたちは「税法」の「勉強」を続けていく必要がある。

受験が終わったら、その「税法」の周りにある「経済」や「財政」にも目を向けるとよいだろう。「税法」の本来の立ち位置が、きっとより明確になるはずだ。

令和時代は「法学」としての「税法」を勉強するだけでは、もう足りない。「法学」は、国民生活を離れて存在するものではない。日本の健全な経済の発展を後押しするものでなければならないだろう。

「税法」が定めるのは、「税制」だ。

「税制」は、単独では存在し得ない。国にとっては「財政」の基盤だが、国民にとっては「家計」があり、「経済」との関係が密接にある。

経済活動が活発化すれば、同じ「税制」のままでも、税収は自ずと上がる。「経済」をよくするための「税制」という発想を持って、「財政」をみる必要もあるだろう。であれば「勉強」することは、まだたくさんある。

受験のための「勉強」に打ち込めば、救われたと思う瞬間が必ず訪れる。受験を終えても「勉強」を続ける人には、さらなる成長がもたらされる。

あとがき

この本の原稿は、クリスマスに街が賑わう２０２４年の終わりに執筆に着手し、その年末に書き終えた（２０２４年１１月３０日〜１２月２８日）。

シリーズ第5弾になるが、前著『税法独学術』（２０２２年9月）が刊行された当時はコロナ下で5類引下げまえだったから、数年で社会の雰囲気が大きく変わったことに気づく。その間に別の本（『リーガルマインドで読み解く重要税務判例２０選』）も刊行した担当編集者とのカフェでの雑談が、シリーズ更新の原動力になった。

内容は「税法勉強術」ということで、普遍性があるはずの「勉強法」をテーマにエッセイを綴ったが、自身の体験談がベースになっている。一方で、執筆時に連日報道されていた「１０３万円の壁」問題で、税制に対する国民の関心は急に活発化した。

その意味で、「税法」のエッセイである本シリーズも、国民的関心の影響を受ける側面があったと思う。資格を取得するための「勉強」で終わりにせず、生涯勉強をするための「対象」が、時代の変化で明確になってきたからである。

本書が「税法」にたずさわる方に、刺激ある1冊になれば幸いである。

木《き》山《やま》泰《ひろ》嗣《つぐ》

木山　泰嗣（きやま　ひろつぐ）

1974年横浜生まれ。青山学院大学法学部教授（税法），同大学大学院法学研究科ビジネス法務専攻主任。鳥飼総合法律事務所客員弁護士（第二東京弁護士会）。2001年に旧司法試験に合格し，2003年に弁護士登録。2011年に『税務訴訟の法律実務』（弘文堂）で，第34回日税研究賞（奨励賞）受賞。約12年にわたり弁護士として税務に関する法律実務に携わった後，2015年に大学教員に転身。税法研究及び法学教育に専念する。

著書に，『小説で読む民事訴訟法』（弘文堂），『分かりやすい「所得税法」の授業』（光文社新書），『教養としての「税金」』（日本実業出版社），『入門課税要件論』（中央経済社），『リーガルマインドで読み解く重要税務判例20選』（大蔵財務協会），『国税通則法の読み方』（弘文堂），『武器になる「税務訴訟」講座』（ソシム）などがある。単著の合計は，本書で73冊。本書は，税法エッセイをつづった『税法読書術』（大蔵財務協会），『税法思考術』（同），『税法文章術』（同），『税法独学術』（同）に次ぐ，シリーズ第5弾。

モットーは「むずかしいことを，わかりやすく」，そして「あきらめないこと」。X（旧Twitter）@kiyamahirotsugu

大蔵財務協会は、財務・税務行政の改良、発達およびこれらに関する知識の啓蒙普及を目的とする公益法人として、昭和十一年に発足しました。爾来、ひろく読者の皆様からのご支持をいただいて、出版事業の充実に努めてきたところであります。

今日、国の財政や税務行政は、私たちの日々のくらしと密接に関連しており、そのため多種多様な施策の情報をできる限り速く、広く、正確にかつ分かり易く国民の皆様にお伝えすることの必要性、重要性はますます大きくなっております。

このような状況のもとで、当協会は現在、「税のしるべ」（週刊）、「国税速報」（週刊）の定期刊行物をはじめ、各種書籍の刊行を通じて、財政や税務行政についての情報の伝達と知識の普及に努めております。また、日本の将来を担う児童・生徒を対象とした租税教育活動にも、力を注いでいるところであります。

今後とも、国民・納税者の方々のニーズを的確に把握し、より質の高い情報を提供するとともに、各種の活動を通じてその使命を果たしてまいりたいと考えておりますので、ご叱正・ご指導を賜りますよう、宜しくお願い申し上げます。

一般財団法人　大蔵財務協会
理事長　木　村　幸　俊

税法勉強術

令和７年３月３日　初版印刷
令和７年３月21日　初版発行

著　者　木　山　泰　嗣

（一財）大蔵財務協会　理事長
発行者　木　村　幸　俊

発行所　一般財団法人　大　蔵　財　務　協　会
〔郵便番号　130-8585〕
東京都墨田区東駒形1丁目14番1号
（販　売　部）TEL03（3829）4141・FAX03（3829）4001
（出版編集部）TEL03（3829）4142・FAX03（3829）4005
https://www.zaikyo.or.jp

乱丁・落丁の場合は、お取替えいたします。　印刷　恵友社
ISBN978-4-7547-3313-1